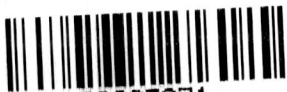

I0023071

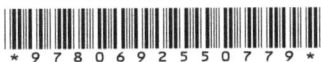

9 780692 550779

تساوی حقوق مدنی

در اسلام

داکتر محمد فرید یونس

بسم الله الرحمن الرحيم

شناسنامهٔ کتاب

نام کتاب: تساوی حقوق مدنی در اسلام
مؤلف: داکتر محمد فرید یونس
تهیه و چاپ: فریما واصل جویا
تاریخ و محل چاپ: نوامبر 2015 م ، کلیفورنیا، امریکا

7 تریژر پرس بدون هیچگونه دخالت در محتوا و متن، این اثر را تهیه و تدوین نموده است.

Printed in the United States of America

Civic Equality Rights in Islam

Library of Congress Control Number: 2015954171

ISBN-13: 978-0692550779 (7 Treasures Press)
ISBN-10: 0692550771

Published by 7 Treasures Press
www.7treasures.com
7tpress@7treasures.com
(510) 275-3497

10 9 8 7 6 5 4 3 2 1

اهداء به:

بهترین دوست و پشتیبان زندگی ام،

همسرم فوزیه یونس

فهرست

اظهار امتنان

این تحقیق که ثمرهٔ بیست سال کار در امور خانوادگی است بدون حمایه و پشتیبانی یک عده دوستان که در درازای این بیست سال من را یاری کرده اند ناممکن بود. اولتر از همه از بینندگان خود در سرتاسر جهان که دید و بینش مرا ستوده اند و من را با نامه های برقی (ایمل ها)، تیلفون ها ، نامه ها و تحفه ها افتخار بخشیده اند، صمیمانه ترین تشکرات خود را تقدیم میدارم. واقعاً اگر پشتیبانی و حمایهٔ بینندگان نمیبود، من در کارم موفق نه می شُدم. از برادر عزیز و گرامی ام خلیل جان راغب , که چهارده سال به من در تلویزیون صدا و سیمای افغانستان این فرصت را مساعد ساخت و از برنامهٔ «ما و دین ما» شدید حمایه و پشتیبانی میکرد قلباً سپاسگزارم. از دوست عزیز و گرامی ام استاد شکر الله پیروزمند کهگدای که به من موقع داد تا در چندین شماره در مورد زن و اسلام در ماهنامهٔ کاروان در سالهای دهه نود مسیحی آزادانه بنویسم ، ابراز سپاس می کنم. از رونا جان پوپل مدیر عامل اتحادیهٔ افغانها در آمریکا که همیشه از حامیان کار های من درامور خانواده بوده اند و در افتتاح دفتر حل منازعات خانوادگی در اتحادیه نقش بارز را بازی کرده اند قلباً متشکرم. ازبرادر محترم و عزیزم ظاهرجان عسکریار که به من اعتماد کردند و به یما جان یوسفزی رئیس و مؤسس تلویزیون نور معرفی کرد تا در آن تلویزیون برنامه داشته باشم، قلباً سپاسگزارم. از یما جان یوسفزی که از آگست 2007 الی آگست 2009 از هیچگونه پشتیبانی دریغ نورزید و نگذاشت تا مخالفین برنامهٔ «داکتر یونس شو» را تخریب کنند، جهانِ سپاس می کنم. از تیمور شاه جان حسن سابق متصدی برنامهٔ فوق‌العاده موفق «خانه و خانواده» در تلویزیون آریانا افغانستان که من را پنج بار دعوت کرد و از طریق برنامه های تیمورشاه جان بود که مردم افغانستان من را در سرتاسر جهان معرفی شدند و از من قدر دانی کردند، قلباً سپاسگزارم. از ضیاء جان طاهر و همسر گرامی شان خاتول جان در شهر هامبورگ، آلمان که در کنار پشتیبانی های مکرر از کار های من ،

i

کتاب تساوی جنسی در اسلام را به فارسی ترجمه کردند و همه نوشته های من را در هامبورگ پخش کرده‌اند، از اعماق قلب تشکر میکنم. از آقای بصیر بیات رئیس تلویزیون نور از آگست 2009 الی اخیر اپریل 2014 که به دید و بینش دینی و سیاسی من احترام قائل شدند و این فرصت را برای من مهیا کردند تا همیشه در خدمت مردم باشم، قلباً تشکر میکنم. از خواهر گرامی، سجیه جان کامرانی متصدی برنامهٔ «تلویزیون افغانستان با سجیه» که از تلویزیون آریانا افغانستان در لاس آنجلس پخش می‌شود و من را در برنامه های پُر بیننده خود دعوت کرده است تا مسایل خانواده را صحبت کنم و هر برنامه نظر به علاقمندی بینندگان سه-چهار ساعت دوام کرده است، صمیمانه تشکر میکنم. از خواهر عزیز و گرامی ام رونا جان رشید متصدی برنامهٔ تغذیهٔ صحی (تلویزیون آریانا افغانستان) که چندین بار به من افتخار بخشیدند و در برنامهٔ وزین و تحقیقاتی شان از من دعوت کردند جهانِ سپاس دارم. از تمنا جان انصاری و همکار گرامی شان شفیع جان سکندری که من را در برنامه فانوس دعوت کردند جهان سپاس میکنم. از فرزانه جان بیان و خواهر گرامی شان مهریه جان البرت که من را در برنامهٔ «زن و جهان امروز» دعوت کردند سپاسگزارم. از ذکیه جان کهزاد نطاق برجستهٔ مطبوعات افغانستان افتخار بخشیدند و من را در برنامهٔ وزین «رَوزنه»، که تصدی آنرا از طریق آریانا افغانستان به عهده دارند، دعوت کردند تشکرات قلبی خود را تقدیم میکنم. از فوزیه جان اورال که من را در برنامه «راه ابریشم» (تلویزیون نور) دعوت کردند ابراز قدردانی می کنم. از مریم جان اسماعیل ارسلا متصدی برنامهٔ آموزشی «دانش روشنایی است» و از تلویزیون آریانا افغانستان-لاس آنجلس پخش می‌شود قلباً تشکر میکنم. در شهر تورنتو ،کانادا ، از دوستان گرامی ام هر یک عزیز جان نائل و همسر گرامی شان پلاتین جان، از تلویزیون افغان هنداره ، انیل جان هاشمی از برنامهٔ رادیوئی «تر و تازه» که شش ماه همکار شان بودم ، و از دوست عزیز و گرامی ام داوود جان احمدی از تلویزیون تابش که همیشه در تورنتو به من موقع را در برنامه های شان

مساعد ساختند جهان سپاس دارم. از برادر گرامی ام عبید جان اورکزی
متصدی برنامه نوید و خواهر مهربان نبیله جان فتاح یعقوب گردانندۀ
برنامه شهر آشنا در تورنتو سپاس فراوان دارم ازینکه من را در برنامه
های شان دعوت کردند و گفت و شنود در مسایل اجتماعی مردم خود با
ایشان داشتم . همچنان در وانکوور کانادا از برادر عزیز و ارجمند لمر
جان شهاب قلباً سپاسگزارم که بر نامه های من را از صدا و سیمای
افغانستان از نزد خلیل جان راغب کاپی میکرد و در شهر وانکوور در
برنامه های تلویزیونی سیمای افغانستان به نمایش میگذاشت، یک جهان
سپاس دارم. بعداً برای مدتی عبدالله جان رحیمی در آن شهر برنامه های
من را در تلویزیون باختر، برنامۀ «در پرتو دین» به نمایش می گذاشت
که قلباً ازین همه علاقمندی و زحمات شان تشکر می کنم. از برادر گرامی
و دانشمندم جناب امام قاری طه حمید که در امور حل و فصل مسایل
خانوادگی با من همکاری کرده اند و از هیچگونه مساعدت دریغ نه ورزیده
است سپاس فراوان می کنم.

از اول می 2014 به پیشنهاد جناب آقای انجنیر احسان الله بیات رئیس
عمومی بنیاد بیات شامل تلویزیون آریانا نیوز شدم که از اعتماد شان و
اینکه به من این فرصت را دادند تا در خدمت هموطنان باشم ،
سپاسگزارم .

قابل یاد آوری میدانم که یک عده زیاد دوستان سفر های من را به ایالات
دیگر و کشور های خارج از آمریکا مخصوصاً نظیفه جان صدیق و راتب
جان صدیق، همایون جان اعظمی و همسر گرامی شان منیره جان، برادر
گرامی ام قاسم جان ترین و همسر گرامی شان سلمی جان ، پروین جان
باختری و همسر شان جناب باختری ، عیسی جان عبادی ، غفور جان
ستار و همسر گرامی شان فخریه جان و امان جان صدیقی تمویل کرده اند
و یا دوستان گرامی که برای نشر رسالت کمک مالی کرده اند از همه
سپاسگزارم. واقعاً اگر این همه حمایه و پشتیبانی مالی و معنوی ، قدردانی
و ستایش از دید و بینش که به مردم شریف کشورم پیشکش شد نه میبود ،

موفقیت من ناممکن بود.

قابل یاد آوری میدانم که بدون همکاری و زحمت کشی بانو فریما واصل جویا این کتاب با این قطع و صحافت از طبع خارج نمیشد. من نه تنها منحیث یک برادر مسلمان هموطن بلکه یک همکار مطبوعاتی که فریما جان سالها از طریق مطبوعات بیرون مرزی در خدمت مردم خود بوده است ، بدین وسیله از جانب خود و همسرم بی بی حاجی فوزیه جان قلباً سپاسگزاری می کنم بلکه به وجود شان افتخار می کنیم. جای بس افتخار است که بانوان مانند فریما جان را در جامعهٔ کوچک خود داریم.

و بالاخره از همسر عزیز و گرامی ام بی بی حاجی فوزیه جان یونس که در طول حیات چهل سالهٔ ما ، همیشه در کنار من بوده است و نه تنها از هیچگونه پشتیبانی دریغ نکرده است، به هر اندازه که مخالفت بر علیه من صورت میگرفت، من را زیاد تر در کارم و مبارزه ام تشویق میکرد و نه میگذاشت تا غوغای مخالفین من را در هم شکند، عمیق‌ترین تشکرات و تمنیات خود را تقدیم میکنم.

پیشگفتار

سال 1993 مسیحی بود که به پیشنهاد استاد فضل غنی مجددی و دعوت
برادر عزیز و گرامی ام خلیل جان راغب در تلویزیون صدا و سیمای
افغانستان راه یافتم تا هفته یکبار برای پنج الی هفت دقیقه در برنامۀ «ما
و دین ما» صحبت کنم. تلویزیون صدا و سیمای افغانستان به همتِ برادران
گرامی خلیل جان راغب و عظیم جان عظیمی هفتۀ یکبار برای یک
ساعت در شهر فریمانت ، شمال کلیفورنیا برنامه داشت. با اینکه هفتۀ
یکبار بود و فقط یک ساعت برنامه داشت و اما در کار خود فوق العاده
موفق بود. این تلویزیون در اخیر سال 2007 مسیحی ، با به میان آمدن
تلویزیون های جهانی که از طریق قمر مصنوعی پخش میگردد ،کار خود
را بعد از شانزده سال خدمت به جامعۀ افغانی در شمال کلیفورنیا، مجبور
شد متوقف سازد .

از طریق همین برنامه ها بود که من از تساوی زن و مرد در اسلام و
خانوادۀ مسلمان در عصر حاضرسخن به میان آوردم و با وجود مخالفت
های مذهبیون و سنگ اندازی های یک عده افراد تنگ نظر ، کار من بالا
گرفت و برنامه چهارده سال دوام کرد. با اینکه تلویزیون تنها در شهر
فریمانت، ایالت کلیفورنیا و دو ـ سه شهر کوچک همجوار پخش میشد ، با
اینهم برنامۀ های من به گفتۀ برادر عزیز و گرامی ام شفیع جان سکندری
که با من مصاحبۀ در برنامۀ فانوس به همکاری بی بی تمنا جان انصاری
داشت ومورخ پنجم اپریل 2013 از شبکۀ جهانی پیام افغان نشر شد ،
«انقلاب» برپا کرده بود و هر روز مخصوصاً خواهران تیلفونی تماس
میگرفتند و مشکلات خانوادگی خود را شریک میشدند و من برای شان با
دید اسلامی مشوره میدادم. این برنامه ها و مشوره به خانواده ها باعث
شد تا دفتر حل و فصل مناز عات خانوادگی را در چارچوب اتحادیۀ افغانها
که در سال 1996 به همت خانم رنا پوپل و داکتر وحید مومند در شهر
فریمانت در خدمت افغانان قرار گرفته بود ، افتتاح نمایم. کار این دفتر

یعنی مشوره و رهنمائی خانواده ها تا امروز دوام دارد.نتیجهٔ برنامه ها
در تلویزیون صدا و سیمای افغانستان و خشونت های ظالمانهٔ نظام طالبان
که زیاد تر شکل قریه ئی و قبایلی داشت نه متمدن اسلامی و بد نام ساختن
اسلام توسط طالبان در سطح جهانی ، من را وادار ساخت که درماهنامهٔ
کاروان در بارهٔ زن و اسلام در چندین شماره بنویسم. بعداً برین تصمیم
شدم که نه تنها جوانانِ ما که در آمریکا تولد شده‌اند و یا بزرگ شده‌اند و
به زبان فارسی دسترس ندارند ، باید در بارهٔ زن و حقوق زن در اسلام
بدانند بلکه امریکائیان هم باید بدانند که رفتار و کردار طالبان دور از
اسلام است و نتیجه اینکه کتاب تساوی جنسی در اسلام را به زبان
انگلیسی در سال 2002 به نشر سپردم. آن کتاب به استقبال نهایت گرم
مردم مسلمان افغانستان و امریکائیان قرار گرفت . از همان اوایل نشر
کتاب ، خوانندگان گرامی در امریکا ، کانادا و اروپا از من تقاضا کردند
تا متن فارسی را در دسترس خوانندگان قرار دهم. مخصوصاً برادر
عزیزم ضیاء جان طاهر و همسر گرامی شان خاتول جان از شهر
هامبورگ ، آلمان ، بسیار اصرار کردند تا کتاب تساوی جنسی به فارسی
ترجمه شود و حتی خود دست به کار شدند و آنرا ترجمه کردند و برای
من فرستادند تا آنرا بررسی نمایم . نسبت مصروفیت های پی در پی
روزگار موفق به بررسی آن ترجمه نشدم و اما تصمیم گرفتم تا تساوی
حقوق مدنی در اسلام را نظر به ایجابات قرن حاضر بنویسم و مسایل
تساوی جنسی را هم شامل همین تحقیق کنم و آرزوی برادر و خواهرمومن
خود را در هامبورگ هم بر آورده سازم

اکتوبر سال 2006 مسیحی بود که به دعوت آقای تیمورشاه حسن متصدی
برنامهٔ موفق خانه و خانواده در تلویزیون شبکه جهانی آریانا افغانستان در
لاس آنجلس دعوت شدم. اولین برنامهٔ من در تلویزیون آریانا افغانستان
چنان موفق بود که نه تنها قرار برین شد تا ماهِ یکبار در آن تلویزیون در
کنار برادر گرامی تیمورشاه جان حسن همکاری کنم، در همان برنامهٔ
اول، یک جوان افغان از شهر هامبورگ ، آلمان من را برای سخنرانی

دعوت کرد. آن همکاری در برنامهٔ آقای تیمورشاه حسن پنج بار الی ماه فبروری 2007 دوام کرد. در همین ماه بود که در جریان برنامه با تیمور شاه جان ، من عقاید سیاسی خود را در مورد دموکراسی غربی اظهار کردم و این مسأله به ذوق سوسن جان آرمان که در آن زمان یک موقف اداری در تلویزیون آریانا افغانستان داشت ، سازگار نبود و برنامهٔ ماهانهٔ من با آقای تیمورشاه جان حسن متوقف ساخته شد. و اما جالب این بود که با اجرای پنج برنامه، مردم افغانستان در امریکا ، کانادا و اروپا از دید و بینش من استقبال کردوند و هر بار که برنامه ختم میشد من در یک شهر برای سخنرانی دعوت میشدم. در تاریخ اجتماعی مردم ما، این اولین بار بود که مردم افغانستان سفر یک محقق را در اروپا ، کانادا و امریکا شخصاً تمویل می شدند . سفرهای پی در پی راه من را به اروپا و کانادا باز کرد و دامنهٔ مشورهٔ خانوادگی من شکل جهانی گرفت که تا امروز از طریق تیلفون و تارنما دوام دارد. در سال 2007 بود که رسالهٔ "من را نزن" که دلایل نزاع خانوادگی را در ایالات متحده آمریکا تحقیق کرده بودم ، به زبان انگلیسی به نشر سپردم. همچنان در همین سال یعنی 2007 بود که به دعوت یما جان یوسفزی رئیس تلویزیون جدید التاسیس نور که از اول آگست 2007 به نشرات خود آغاز نمود شامل تلویزیون نور شدم و برنامهٔ «داکتر یونس شو» از این شبکه در آمریکا و کانادا از طریق قمر مصنوعی و در باقی جهان برنامه‌ها را مردم ما از طریق آلهٔ انترنتی «جادو» تماشا می‌کردند. از اول ماه می 2014 تلویزیون نور به آریانا نیوز تبدیل شد و از کلیفورنیا به ایالت فلوریدا نقل مکان نمود . اما بنیاد بیات از من خواهش کردند تا به برنامهٔ خود دوام دهم. در کنار کنفرانس های امورخانوادگی که در امریکا شرکت کردم ، در سال 2009 در کنفرانس جوامع افغان-ایرانی در منطقه بی ایریا شمال کلیفورنیا که از طرف دانشگاه ایالتی کلیفورنیا – ایست بی ، به تشبث جناب داکتر محمد همایون قیومی رئیس دانشگاه دائر شده بود، برای اولین بار دلایل طلاق در خانواده های افغان را پیشکش استماع گران کنفرانس نمودم .

کتابی که در دست شما خواننده عزیز قرار دارد ثمرهٔ بیست سال کار و
تحقیق در بارهٔ خانواده ، مشوره به خانواده ها در امریکا ، کانادا و اروپا،
نوشتن مقالات و ارائه و اشتراک در کنفرانس ها در مورد اسلام و
خانواده وثمرهٔ زیاد تر از سی سال تحقیق در اسلام شناسی می باشد

الحاج دکتور محمد فرید یونس

استاد بشر شناسی فرهنگی خاور میانه و فلسفهٔ اسلامی در دانشگاه ایالتی
کلیفورنیا ـایست بی

مقدمه

کُتبِ زیادی توسط دانشمندانِ اسلامی در مورد اسلام و خانواده نوشته شده است که همه قابل تحسین و ستایش است. یگانه تفاوت که درین کتاب خواننده میتواند دریابد این است که شرایط زمان زیاد تر مد نظر گرفته شده است زیرا یکی از زیبائی های اسلام همین است که اسلام در هر عصر و زمان قابل تطبیق است. چنانچه ابن عباس (رض) فرموده است «القرآن، یُفَسِر الزمان»(مقدمهٔ تفسیر نمونه). در جهان امروز که در اثر پیشرفت ساینس و تکنالوژی مخصوصاً رسانه‌های اجتماعی مانند تارنما ، به وجود آمدن سازمان ها و ارگان های حقوق بشر ، عضویت کشور های اسلامی در ملل متحد و روابط اقتصادی جهانگیرانی (گلوبلایزیشن)که موتور در یک کشور تولید می‌شود و فرمان آن در یک کشور دیگر و در یک کشور سومی همه جابجا و بسته بندی می‌شود ،جهان به یک دهکدهٔ کوچک جهانی تبدیل شده است . با اینهم نمیتوان برخورد تمدن‌ها را نادیده گرفت . کشور های غربی میخواهند با استفاده از نظام اقتصادی جهانگیرانی و نظام رسانه ئی برقی فرهنگ خود را به سرزمین های مسلمانان پخش کند . در عین زمان کشور های مسلمان هم به جوش و خروش آزادی خواهی اسلامی در طغیان است و همه میخواهند دموکراسی را با اسلام یک‌جا خمیر کنند که هم به آزادی‌های دلخواه خود برسند و هم از فرهنگ اصیل اسلامی شان بیگانه نشوند که متأسفانه نه تنها که درین آرزو موفق نشدند ، با کمال تأسف مسلمانان که به رأی اکثریت در مصر به قدرت رسیدند با اشتباهات که مرتکب شدند ، موقع را برای مخالفین اسلام باز کردند و راه زندان ها و مرگ را برای خود گشودند. این برای این بود که اخوان المسلمین مصر شرایط زمان و مکان را مد نظر نگرفت و نظام مصر دوباره به دیکتاتوری رفت . همچنان اختلاف بین شیعه و سنی دامن زده شد و گروه‌های تند رو که اعمال شان مغایر دستورات اسلام است مانند گروه «داعش» که توسط ایالات متحدهٔ آمریکا و عربستان سعودی حمایه و پشتیبانی شدند ، عرض اندام کردند . هدف

ذ

مخالفین اسلام هم همین است تا کشور های مسلمان تجزیه شود ، آثار باستانی شان از بین برود و نام اسلام در سطح سیاسی گرفته نشود که تقریباً همینطور هم شده است .

مسئلهٔ خانواده در زندگانی امروز در کتلهٔ افغانی و ایرانی که با ایشان کار کرده ام و اینکه چگونه یک خانوادهٔ سالم داشت ، به یک چالش بزرگ روبرو شده است. اما اسلام دین آمیزش ، مصالحه ، توافق و سازواری است و از همین لحاظ علمای کرام فرموده اند «اختلفَ الاحکامَ بالاختلاف زمان» یعنی احکام نظر به ایجابات عصر و زمان تفاوت میکند. پس یکی از مسئولیت های نسل امروز این است که چطور میتوانند یک پُل ارتباطی را بین کشور های غربی که امروز زندگی دارند و یا در کشور خود شان تحت تاثیر آن قرار گرفته اند با فرهنگ اسلامی و شرقی شان، آباد کنند. باید اعتراف کرد که یک عده مطلق سردَرگُم و مشوش شده اند. نه میدانند چه باید کرد. مردم بین دو فرهنگ اسلامی و غربی راه گُم شده اند. علما هم این آرزومندی را ندارند تا مشکل مردم را با دید و بینش امروزی حل کنند ؛ اساساً توان این را ندارند. طور مثال مرد از زن جدا شده بدون اینکه زن را طلاق داده باشد. و چون نکاح شان در ادارات دولتی اروپائی و امریکائی ثبت نشده است و از جانب دیگر نکاح اسلامی درین کشور ها نمی تواند قانونی باشد ، زن بدون سرنوشت باقی مانده است. یک عده زنان افغانستان به خاطر مظالم اجتماعی و بی‌عدالتی‌های که در اثر تفسیر نادرست احکام دینی در مورد زنان صورت گرفته است ، آزادی خود را در قبال دموکراسی غربی می بینند و از اسلام گریزان هستند و در نتیجه خانواده ویران شده است. مردان کوشش نه می‌کنند تا از روحیهٔ قومی و قبایلی بیرون روند و اکثراً چنین عقیده دارند که جای زن در خانه است و زن باید مطیع شوهر باشد و اما خودش هر کاری را که بکند کسی حق بازخواست را ندارد. کمتر کوشش به عمل آمده است تا قرآن مجید آموخته شود و یک عده هم که قرآن را خوانده اند ، متأسفانه عمق قرآن را در مورد یگانگی زن و شوهر، احترام متقابل ، دلسوزی به همدیگر و اینکه

زن یک شخصیت است و مانند مردان ، خداوند به او حقوق اعطا کرده
است ، درک نکرده اند. در کنار عدم شناخت واقعی دین ، مذهبیون هستند
که در زن ستیزی شهره هستند. زن و مرد را از نگاه مدنی مساوی نه
میدانند ، و در اثر تفسیر نادرست قرآن و نقل قول احادیث جعلی که در
متون دینی ما داخل شده است حقوق زنان را بسیار پایمال کرده اند. علنی
ترین نابکاری شان در مقابل زنان همان است که محل عبادت زنان را در
مساجد از مردان جدا کرده‌اند در حالیکه روش پیشوای اسلام است که
زنان در عقب مردان نماز ادا میکنند. زن ستیزی خود را توجیه دینی و
مذهبی میدهند. داستان اینکه نکاح دختر «چهار ساله جائز است و اما
شرایط دارد»، غوغای جهانی بین مردم ما برپا کرد . پس شما خوب تر
میتوانید مذهبیون را درین عصرقضاوت کنید. قابل یادآوری است که
کشور های غربی حقوق زیاد به زن قائل شده اند. طور مثال در قضای
عالی ایالات متحده امریکا بین نُه قاضی ، سه زن خدمت میکند. پس ما
چطور میتوانیم که به یک دختر مسلمان ثابت کنیم که عدالت اسلامی
بهتراز عدالت غربی است و دختر مسلمان هم حق دارد که قاضی شود و
به آن مقام برسد؟ و اگر ما نمی توانیم خانوادهٔ مسلمان امروز را در مسائل
حقوقی و مدنی به ارتباط عدالت اسلامی قانع کنیم ، همان است که دختر
مسلمان به خاطر تساوی حقوق از اسلام فرار میکند و در جهت مخالف
اسلام داخل میشود. این جاست که پیشکش کردن امور خانوادگی و
اجتماعی دقت لازم کار دارد تا ما بدون اینکه افکار والای اسلام را
مصالحه کنیم مسلمان باقی بمانیم. با در نظر داشت مطالب فوق ، چنانچه
در مضمون پیشنها دات برای قضایای اجتماعی و سیاسی افغانستان
(تارنمای خاوران 13ماه حمل/فروردین1392 خورشیدی) نوشتم، هر
دوره و هر زمان خواهش‌ها و تقاضا های خود را دارد. در دهکدهٔ جهانی،
امروز مردم جنبش های مردمی را که از آن نسیم آزادی، مساوات، و
برابری به مشام میرسد تجربه میکنند. خواه این تجربه جدید از طریق نظام
های مردمی شکل غربی باشد و یا خواه از طریق نظام های شکل مردمی
اسلامی باشد؛ در هر نظام که باشد، تساوی بین زن و مرد ، تساوی اقوام

، آزادی بیان ، قلم و اندیشه، شریک شدن در قدرت سیاسی، شعار اساسی این جنبش ها است. نظام برقی «فیس بوک» و جهان تار نما و مراسلات برقی این دهکده را روز به روز کوچکتر ساخته می رود. امروز مردم در سر تا سر جهان ازین طریق ، بدون در نظر داشت رنگ و پوست و نژاد و جنسیت با هم مراوده دارند. سؤال مطرح می‌شود که آیا مسلمانان افغانستان و ایران با در نظر داشت حفظ ارزش‌های فرهنگی خود می‌خواهند درین دهکده با جهانیان یکجا باشند و یا خود را به خاطر بعضی از قوانین اسلامی که میتواند دوباره تفسیر شود، در انزوا قرار دهند؟ برخورد مدنیت ها در همین نقطه است که کدام یک ازین مدنیت ها خواهش‌ها و تقاضا های عصر حاضر را برآورده ساخته میتواند؟ درین وضع ، خاور میانه و افغانستان ، راه انتخاب به دست مسلمانان است. دموکراسی بی بند و بار غربی که من آنرا همیشه بی‌ناموس خوانده‌ام و یا دموکراسی اسلامی که به اساس عدالت اجتماعی و اخلاق مدنی استوار است در صورتی که به شکل اساسی آن تطبیق شود؟ این محقق دموکراسی اسلامی را ترجیح میدهم زیرا در صورتی که درست عمل گردد متضمن عدالت اجتماعی برای همه است. مسلمانان در مصر و تونس موفق نشدند تا روحیهٔ سیاسی جهان امروز را مد نظر داشته باشند و در نتیجه شکست خوردند.

این کتاب موضوعات خانوادگی را با یک دید و بینش جدید که نیازمندی های یک زن و شوهر امروز و خانوادهٔ امروز است ، بررسی می نماید. تساوی جنسی در اسلام و مسایل خانوادگی را با یک تحلیل نو که جوابگوی مقتضیات عصر ما باشد، مورد بحث قرار میدهم. هدف از ین تحقیق این است که در عصر ساینس و تکنالوژی ، و قسمیکه گفتیم به میان آمدن سازمان های حقوق بشر وملل متحد که افغانستان و ایران عضو آن می باشند و مبارزات جهانی برای تساوی حقوق ، ما باید در قافلهٔ پیشرفت جهانی با حفظ ارزش‌های والای اسلام موضوعات را قِسمی تفسیر و تحلیل کنیم که نه تنها از مسخ فرهنگی یعنی غرب زدگی نجات پیدا کنیم بلکه به

جهانیان ثبوت سازیم که اسلام دین عِلم ، عِبادت ، عدالت و مساوات است نه دین زن ستیزی، بی‌عدالتی ، خِرافاتی و عقب گرائی.

بخش اول

تساوی جنسی در اسلام

یکی از موضوعاتِ عُمده که مخالفین اسلام انگشت انتقاد به اسلام می گذارند، این است که اسلام زن و مرد را به یک دیده نمی نگرد و تبعیض می کند. مثلا اسلام حق طلاق را از زن گرفته است و تا مرد طلاق ندهد ، زن کدام اراده ندارد تا سرنوشت خود را تعیین کند. و یا چرا زن نمی تواند مانند مردان در قضاء باشد؟ چرا دو شاهد زن است و یک شاهد مرد؟ و زن تنها برای خدمت مرد است و بس. نه از خود عقل دارد و نه شعور. قرآن حکم کرده که اگر زن بی اطاعتی میکند ،او را بزنید. فهرست انتقادات شان زیاد است . انتقادات این عده، باید اعتراف کنیم که خیلی ها به جاست زیرا همچوشرایط بالای زنان مسلمان تحمیل شده است. در جوامع اسلامی با کمال تاسف کسی به صدای زنان گوش فرا نمی دهد. زنان در شهر هرات خود را آتش زده اند. خشونت علیه زنان در کشور ما غیر قابل باور است. چون درکشور های اسلامی و افغانستان یک ازدواج غیر مشروع بین مذهب گرائیان و قوم پرستان از سالیان دراز صورت گرفته است، این ازدواج شوم باعث بدبختی های فراموش ناشدنی زنان شده است. زن در افغانستان حتی به فروش رفته است تا به جای آن

حیوانات خریداری شود. زن حق طلاق را ندارد تا مرد طلاق ندهد. زنان بدون ثبوت جُرم شرعی به زنا محکوم می شوند و تیر باران شده اند و یا در روی کوچه و بازار ایشان را لت و کوب کرده اند. طالبان قوم گرا زنان را در میدان ورزشی کابل بدون ثبوت محکم، تیر باران کرده اند. زنان در امریکا و اروپا بدون نفقه تنها باقی مانده اند و شوهران شان در افغانستان دوباره ازدواج کرده اند. در امریکا و اروپا که من پرونده های خانواده ها را دارم زنان در داخل خانه لت و کوب شده اند و وقتیکه زن در مسجد برای کمک رفته، امام مسجد جزئی ترین خدمتی کرده نتوانسته و خود را خاموش گرفته است. در مساجد به عنوان اینکه فساد پخش نشود ، محل نماز زنان را که این عمل خلاف سنت اسلام است از مردان جدا ساخته اند. در عصر امروز که زنان در کنار مردان کار میکنند ، شغل‌های بلند بالا دارند و مانند مردان در شرکت ها مصروف خدمت هستند و در دانشگاه‌ها تدریس میکنند ، دشوار است که قبول کنند که حق میراث شان نصف مرد است. آنان که انتقاد می کنند از روی عملکرد ما می بینند نه اینکه جستجو کنند که واقعاً اسلام چه مقام والائی به زن داده است. همچنان یک جامعه هیچگاه به معراج کمال انسانی نه می رسد مشروط بر اینکه افراد جامعه از حقوق مدنی مساوی برخوردار نباشند و دوم اینکه آزادی فکر و بیان نداشته باشند. اسلام دین عدالت است و این دین توحیدی و آسمانی هرگز بین زن و مرد تبعیض نکرده است و آزادی فکر و بیان از اساسات عمدهٔ اسلام است چنانچه جنگ بدر به خاطر آزادی بیان و فکر به پا خواست.

در بخش اول ، تساوی بین مرد و زن را در خلقت ، مرد و زن را در خانواده و مرد و زن را در اجتماع مورد مطالعه قرار می دهیم.

مرد و زن در خلقت

زمانیکه تساوی بین مرد و زن مطرح میشود باید از خود سوال کنیم که آیا خداوند (ج) عادل است و یا خیر؟ اگر عادل است و مسلمانان اعتقاد

قلبی و راسخ دارند که خداوند (ج) عادل مطلق است ، پس چطور امکان دارد که خدای عادل در خلقت خود تبعیض کند؟ چطور امکان دارد که خدای عادل دو مخلوق خود را به دو نظر بنگرد؟ خداوند امکان ندارد که هم عادل باشد و هم در عین زمان عادل نباشد. خواه مخواه در خلقت تفاوت ها برای تکامل وجود دارد که این تفاوت‌ها فیزیولوژیک است نه مدنی و اما تبعیض وجود ندارد. در مورد خلقت زن و مرد خداوند (ج) در سوره نساء آیه اول می فرماید:

أَيُّهَا النَّاسُ اتَّقُوا رَبَّكُمُ الَّذِي خَلَقَكُم مِّن نَّفْسٍ وَاحِدَةٍ وَخَلَقَ مِنْهَا زَوْجَهَا وَبَثَّ مِنْهُمَا رِجَالًا كَثِيرًا وَنِسَاءً ۚ وَاتَّقُوا اللَّهَ الَّذِي تَسَاءَلُونَ بِهِ وَالْأَرْحَامَ ۚ إِنَّ اللَّهَ كَانَ عَلَيْكُمْ رَقِيبًا

یعنی ای مردم از پروردگار تان بترسید ، همو که شما را از تن یگانه بیافرید و همسر او را هم از او پدید آورد و از آن دو، مردان و زنان بسیاری پراگند؛ و از خداوند که به نام او پیمان می بندید [یا سوگندمی دهید]، همچنین از گسستن پیوند خویشاوندان پروا کنید، چرا که خداوند [ناظر و] نگهبان شماست.

در آیۀ فوق می بینیم که خداوند (ج) مرد و زن را از نفس واحد خلق کرده و زمانی که قرآن پاک از نفس واحد سخن می گوید این است که در خلقت بشر دو روئی و دو رنگی و تبعیض وجود ندارد. همچنان در قرآن مجید می خوانیم که خداوند (ج) انسان را از گِل خشک خَلق کرده است. قرآن کریم در آیه بیست و ششم سوره حِجر می گوید:وَلَقَدْ خَلَقْنَا الْإِنسَانَ مِن صَلْصَالٍ مِّنْ حَمَإٍ مَّسْنُونٍ یعنی و انسان [آدم] را از گِل خشک بازمانده از لجنی بویناک آفریده ایم

در آیۀ فوق می بینیم که انسان از گِل خشک آفریده شده است. کلمه عربی «انسان» و «الناس»(مردم) به هر دو جنس ، مرد و زن اطلاق میشود.

برای یک عده مردم که تعداد شان زیاد است ، گفته شده که زن از بغل

3

چَپ آدم آفریده شده و این تفسیر نادرست خلقت زن از بغل چَپ آدم ، زن را یک موجود بی ارزش تلقی کرده است. در تاریخ طبری صحبت از خلقت زن از بغل چپ و یا راست مرد به عمل نیامده است. یک سخن جعلی از تورات و انجیل وارد مجموع احادیث پیشوای اسلام (ص) شده است و اما متن آنرا تا اندازهٔ تغییر داده اند. متن فارسی حدیث چنین است : " با زنان به نیکی رفتار کنید زیرا زن از دندهٔ کج خلق شده است و دردندهٔ آنچه کجتر است بالاتر است و اگر بخواهید راستش کنید آنرا می شکنید و اگر رهایش کنید کج می ماند. پس با زنان به نیکی رفتار کنید».(1)   مرحوم دکتور علی شریعتی جامعه شناس مشهور عالَم اسلام در قرن بیستم می گوید: " مسا له دیگر، آفریدن زن از دنده ئ [بغل] مرد است ، آنطور که از عربی به فارسی ترجمه شده است. این کلمه دنده غلط ترجمه شده است و در خود زبان عربی و عِبری ، این کلمه به معنی سرشت است. "حوا را ، یعنی زن را ، از سرشت مرد آفریدیم" . چون این کلمه معنی دنده [بغل] هم میدهد ، روایتی پیدا شده که "زن از دندهٔ چپ مرد آفریدیم و ازین جهت زنها یک دنده کم دارند"!(2) (این غلط فهمی ها باعث شده است که امروز حتی آنهای که دین را در تلویزیون ها تبلیغ می کنند و خود را به نام عالِم دین به مردم قلمداد کرده‌اند ، مردم را به بیراهه بکشانند و بدون اینکه مطالعات خود را درمورد دقیق انجام دهند ؛ چون در متون دینی ما داخل شده است کورکورانه قبول کرده اند. چطور می دانیم که این حدیث جعلی است. حدیث باید به نص قرآن مجید مطابقت داشته باشد. در سوره نساء دیدیم که قرآن فرموده است که انسان از نفس واحد خلق شده است و همچنان و در آیه چهارم سوره تین می خوانیم که لَقَدْ خَلَقْنَا الْإِنسَانَ فِي أَحْسَنِ تَقْوِيمٍ یعنی به راستی که انسان را در بهترین قوام آفریده ایم. چون حدیث فوق با متن قرآن مطابقت ندارد و از طرف دیگر از اسرائیلیات داخل متون ما مسلمانان شده است بدون اینکه کسی به آن توجه کرده باشد ، مخصوصاً که احادیث یک صد و پنجاه سال بعد از رحلت پیشوای اسلام (ص) جمع آوری شده است و از نگاه علم تحقیق و تتبع امکان ندارد اشتباه صورت نگرفته باشد و حدیث مذکور با

استناد قرآن مجید که در فوق تذکر دادیم ، حدیث جعلی است.

از نگاه علم حیه و یا بیولوژی قرآن مجید آیات صریح دارد که موضوع خلقت انسان را بحث میکند. قرآن شریف در آیه های 37 ، 38 و 39 سورهٔ القیامه می گوید:

أَلَمْ يَكُ نُطْفَةً مِّن مَّنِيٍّ يُمْنَىٰ

یعنی آیا نطفه ای از منی که [در رحم] ریخته شده بود ، نبود؟

ثُمَّ كَانَ عَلَقَةً فَخَلَقَ فَسَوَّىٰ

سپس خونِ بسته ای بود که [خداوندش] آفرید و بسامان کرد.

فَجَعَلَ مِنْهُ الزَّوْجَيْنِ الذَّكَرَ وَالْأُنثَىٰ

و از آن جفتی نرینه و مادینه پدید آورد.

آیات فوق خلقت انسان را از نگاه علم حیه بیان میکند و دیده میشود که جزئی ترین کمی و کاستی در خلقت انسان بین زن و مرد وجود ندارد و هر دو یکسان از یک خون بسته ، یک رحِم و یک نطفه انسان را به وجود آورده است. از آنجائیکه قانون خداوند و قانون طبیعت هر دو یکی است که این نشان دهندهٔ توحید محض است ، بنابرین ، انسان ، مرد و زن یک موجود طبیعی است و در این مورد قرآن اشاره میکند و در سوره های هود آیه 61 ، سوره حج ، آیه 5 می گوید :

هُوَ أَنشَأَكُم مِّنَ الْأَرْضِ

یعنی او شما را از زمین پدید آورد

همچنان می گوید: فَإِنَّا خَلَقْنَاكُم مِّن تُرَابٍ یعنی ما تو را از خاک خلق کردیم

آیات مبارکه فوق چندین مطلب عمده را افاده میکند. اول اینکه به ارتباط خلقت زن و مرد ، هر دو نظر به قانون طبیعت یکسان آفریده اند. دوم دو آیه فوق می رساند که انسان یک موجود طبیعی است و جزء لاینفک طبیعت می باشد. و سوم انسان را چه مرد باشد چه زن به بهترین صورت آفریده است. "تقویم" یعنی از هر نگاه – موزون و شایسته و هم از نظر جسمی و هم روحی و عقلی با تعادل تام خلق شده است. علم ساینس به ما می‌گوید با اینکه مغز زن نظر به مرد از نگاه حجم کوچکتر است اما معیار ذکاوت هر دو مرد و زن یکی است (Intelligence Quotient) I.Q

پس ما نه می‌توانیم زن را ناقص العقل گویم که در عصر ساینس و پیشرفت علوم بسیار کم سویه و مضحک جلوه خواهیم کرد. حدیث جعلی دیگری درین مورد به چشم میخورد که متن فارسی آن چنین است ، «از عبدالله بن عمر (رض) روایت شده است که در میان زنانی که عقل و دینشان ناقص است ، کسی را به اندازهٔ تو عاقل و اندیشمند ندیده ام. زنی گفت: نقصان عقل و دین چگونه است؟ گفت: دلیل ناقص بودن عقل شان آن است که شهادت دو نفر شان به اندازهٔ شهادت یک مرد است و دلیل نقصان دین آن‌ها هم این است که روز های در ماه نماز میخوانند و گاهی روز های از رمضان را روزه نمیگیرند».(3) اول اینکه اگر زنان ناقص العقل میبودند به سویهٔ بی بی خدیجه کبرا که یک تاجر پیشه موفق بود ، بی بی فاطمه زهرا دختر گرامی پیشوای اسلام که یک دانشمند دین بود و از بی بی عایشه (رض) روایت است که گفته است «احدی را ندیدم که از فاطمه فاضلتر باشد مگر پدرش را» (4) ،از عطا بن رباح روایت شده که گفت «عایشه فقیه ترین و عالمترین مردم و نیکو ترین مردم در رأی و نظر بود» (5) ، عرض اندام نمیکردند. دوم اینکه شخص بی عقل در شریعت معذور است . یعنی کسی که عقل ناقص دارد چه یک تن باشد و چه دو تن باشد نمیتوان در عرصه قضاء خدمت کنند وقتیکه تکلیف عقلی داشته باشند. سوم حضرت رسول کریم را قرآن رحمت للعالمین خطاب

کرده است و او دل هیچکس را آزرده نه می ساخت و همچو سخن از دهن مبارک مطلقاً بعید به نظر میرسد که مردم را حقیر شمارد. چهارم در تاریخ اسلام میخوانیم که رسول اکرم (ص) با همسران خود مشوره میکرد چنانچه در وحی دوم از بی بی خدیجه کبرا پرسید که از کجا شروع کند(6). و یا ام سلمه برایش نظر داد که در حج گیسوی خود را اول قطع کند. چطور امکان دارد که پیشوای اسلام با کسانی مشوره کند که ناقص العقل باشند؟ پنجم اینکه آیه برای همه زنان نازل شده است و نه یک عده از زنان. دکتر وهبة زحیلی نویسندۀ کتاب فقه «خانواده در جهان معاصر»، چنین مینگارد: « این قضیه به خلقت و آفرینش زنان و حکمت خداوند بر میگردد و درین مورد زنان هیچگونه تقصیری ندارند و گناهی متوجه آن‌ها نیست؛ زیرا خداوند خود آنان را به نوعی آفریده که دچار قاعدگی می‌شوند و هرگاه دچار این عذر بشنوند براساس هدایت شریعت اسلام است که از خواندن نماز و گرفتن روزه خود داری می نمایند».(7) می بینید که این حدیث جعلی که بازهم از اسرائیلیات داخل متون اسلامی شده است (زیرا احادیث یک و صد پنجاه سال بعد جمع آوری گردیده است) ، خلقت خداوند را زیر سؤال می‌برد و خداوند را (العیاذ بالله) یک موجود غیرعادل معرفی می کند. در حالیکه ما در بالا دیدیم که خداوند مرد و زن را از گِل خشک، بهترین قوام ، و نفس واحد آفریده است . خداوند (ج) در خلقت انسان کوچک ترین تبعیض نکرده و هر دو جنس را اعم از زن و مرد کرامت انسانی اعطا کرده چنانچه گفته است «و لقد کرمنا بنی آدم» یعنی ما فرزندان آدم را کرامت و عظمت بخشیدیم. درین آیه مبارکه مقصد از «بنی آدم» مرد و زن است نه تنها مردان . خداوند عادل و غفور و رحیم است. خدای غفور و رحیم در مقابل همه خلقت خود مخصوصاً انسان که خلیفه ذات اقدس الهی در روی زمین است بی نهایت مهربا ن است چه مرد باشد چه زن و زمانیکه قرآن از خلیفۀ خداوند صحبت به میان می‌آورد ، هر دو، مرد و زن را احتوا می کند.

یک عده دیگر زن را محکوم میکنند که باعث لغزش مرد شده است! این

داستان نا درست را از اسرائیلیات گرفته‌اند بدون اینکه در متن قرآن مجید به دقت توجه کرده باشند. زیرا در ادیان گذشته مسئولیت لغزش حضرت آدم (ع) را به دوش بی بی حوا یعنی زن گماشته اند.اما قرآن مجید مسئولیت را به دوش هر دو واگذار شده است . ببینیم قرآن پاک در سورۀ اعراف آیه بیستم چه می گوید

فَوَسْوَسَ لَهُمَا ٱلشَّيْطَٰنُ لِيُبْدِىَ لَهُمَا مَا وُۥرِىَ عَنْهُمَا مِن سَوْءَٰتِهِمَا وَقَالَ مَا نَهَىٰكُمَا رَبُّكُمَا عَنْ هَٰذِهِ ٱلشَّجَرَةِ إِلَّآ أَن تَكُونَا مَلَكَيْنِ أَوْ تَكُونَا مِنَ ٱلْخَٰلِدِينَ

تفسیر: پس شیطان، آن دو را وسوسه کرد تا آنچه را از عورتهایشان برایشان پوشیده مانده بود، برای آنان نمایان گرداند؛ و گفت: " پروردگار تان شما را ازین درخت منع , نکرد، جز [برای] آنکه [مبادا] دو فرشته گردید یا از زمرۀ جاودانان شوید.» درین جا دیده می‌شود که شیطان هر دو را وسوسه کرده نه تنها بی بی حوا را و جالب تر اینکه خداوند (ج) حضرت آدم (ع) را در آیۀ 121 سوره طه مسئول تر میداند و می‌گوید

فَأَكَلَا مِنْهَا فَبَدَتْ لَهُمَا سَوْءَٰتُهُمَا وَطَفِقَا يَخْصِفَانِ عَلَيْهِمَا مِن وَرَقِ ٱلْجَنَّةِ ۚ وَعَصَىٰٓ ءَادَمُ رَبَّهُۥ فَغَوَىٰ

تفسیر «آنگاه از آن [درخت ممنوع] خوردند و برهنگی آنان برایشان نمایان شد و شروع کردند به چسپانیدن برگهای بهشت بر خود. اینگونه آدم به پروردگار خود عصیان ورزید و بیراهه رفت». می‌بینیم که خداوند عادل همانگونه که در سورۀ نساء آیۀ اول در خلقت بین زن و مرد تبعیض نکرده است ، درین جا هم نشان میدهد که هر دو مسئول بودند و حتی آدم مسئول تر. از نگاه جامعه شناسی سؤال پیدا می‌شود که چرا آدم مسئول تر است. این برای این است که مرد در جامعه قدیم و اکثر خانواده‌های امروزی، مسئولیت رهبری را دارد. و اما این رهبری امتیاز نیست ؛ به خاطر قوۀ فزیکی جنس مرد ، یک مسئولیت است. مرحوم محمد هاشم المجددی در رابطه به موضوع بی بی حوا و حضرت آدم (ع) می‌نویسد،

« دین اسلام با وحی الهی زن را مخلوق مساوی با مرد دانست و بر خلاف یهودیت و مسیحیت گناهکار و سبب خروج از جنت ندانست"(8). این است عدالت اسلام

مرد و زن در خانواده

سوال اول همین است که چرا خانواده در اسلام حائز اهمیت فراوان است؟ این سوال تا حدی توسط دانشمندان گرانمایه جواب داده شده است که خانواده مهد آموزش و پرورش یک مسلمان است. این جواب منحیث یک تئوری تربیوی خیلی‌ها باارزش است زیرا از نگاه جامعه شناسی اسلامی این خانواده‌ها هستند که یک جامعهٔ اسلامی را بنا می نهند. و اما از نگاه جامعه شناسی مجموع خانواده‌ها یک کتلهٔ اجتماعی را به وجود می‌آورد و مجموع کتله های اجتماعی یک اجتماع را می‌سازد. یعنی خانواده واحد کوچک اجتماع است. به هر اندازه خانواده‌ها در اجتماع از نگاه معنوی و فکری قوی بار آید ، به همان اندازهِ اجتماع، یک اجتماعِ نه تنها سالم بلکه متشبث و محرک بار می‌آید که در ساختار محیط اجتماعی نقش سازنده دارد. چون خانواده واحد کوچک اجتماع است ، ازین لحاظ بین خانواده و اجتماع یک وجه مشترک وجود دارد و آن نظم بندی است. توجه کنید که در اجتماع چه پدیده‌ها وجود دارد، همین پدیده‌ها در خانواده هم وجود دارد و اما تفاوت شان در اندازه و تعداد است. در اجتماع نفوس است. در خانواده هم مادر و پدر و کودکان نفوس را تشکیل میدهد. در اجتماع قوانین وجود دارد تا اجتماع به صلح و آسودگی زندگی کند در خانواده هم قوانین وجود دارد تا خانواده از هم نپاشد. در اجتماع باید بودجه باشد تا دوران اقتصادی فعال باشد. یک کشور بدون اقتصاد سالم سرنگون میشود. خانواده هم باید بودجه باشد تا چرخ اقتصادی خانواده را به هدف نیل برساند. اگر خانواده درآمد نداشته باشد ، به رکود مواجه می‌شود و اعضای آن اعضای سالم نخواهد بود. در یک اجتماع باید پالیسی یعنی سیاست اجتماعی باشد ، درخانواده هم باید سیاست های خانوادگی باشد تا در خانواده بی نظمی رخ ندهد. نتیجه اینکه خانواده محل آموزش است برای

اینکه همه اموری که در اجتماع در سطح وسیع وجود دارد همانگونه در خانواده در سطح کوچک وجود دارد واعضای خانواده این فرصت را دارد تا همه موضوعات را بیاموزد و در آینده همان مطالب را در سطح وسیعتر در اجتماع تجربه کند. به همین دلیل است که در جامعه شناسی، خانواده را واحد کوچک اجتماع گویند .

خانواده در اسلام با دونفر ساخته می‌شود و این ساختار توسط نکاح به وجود می‌آید که در بخش نکاح مفصل تشریح می‌شود

مرد و زن در اجتماع

در سطور فوق دیدیم که زن و مرد هم در خلقت در تضاد نیست و خداوند یکی را بر دیگری برتری نداده است و نه در خانواده زیرا به وضاحت گفته است که زن لباس مرد است و مرد لباس زن. قرآن نه گفته است که تنها مردان لباس زنان هستند و یا زنان لباس مردان هستند. این آیهٔ سوره بقره و همچنان موارد نکاح زن و مرد را از نگاه مدنی مساوی قرار داده است. و آنجائیکه قرآن کریم می‌گوید مردان یک درجه بلند تراند (سوره بقره آیه 228) صورت فزیکی انسان است تا از نگاه خلقت هماهنگی و توازن مطرح باشد که این راز خلقت است. در خلقت باید منفی و مثبت وجود داشته باشد تا تکامل صورت گیرد. در خلقت باید مونث و مذکر وجود داشته باشد در غیر آن خلقت راه تکاملی را نه میداشته باشد. طور مثال یک باتری موتر(ماشین) داریم و دو قطب دارد ، مثبت و منفی. اگر هر دو قطب منفی باشد و یا هر دو قطب مثبت باشد ، آن باتری فعال نه میشود. «درجه» یک انگاشت ریاضی است و نمایانگر یک اندازه است پس از نگاه ریاضی ، «درجه» یک راز خلقت است، زیرا «درجه» در آیه اشاره به مغز مرد است که یک اندازه از نگاه حجم بزرگتر است نه اینکه زنان از مردان از نگاه مدنی مانند حیثیت ، شرف ، عقل ، شخصیت ، انسانیت ، تقوی ، دانش ، خواهشات نفسانی ، و غیره کمتر باشند. تفاوت ها تنها درفیزیولوژی یعنی عِلم تن کرداری است نه صورت مدنی . اینکه

مردان در اصل نفقه دهنده هستند ، امروز در اثر تغییرات عمدهٔ اقتصادی و پیشرفت زنان در ساحات علوم ، مسئولیت مردان را در مورد نفقه شدید کاهش بخشیده است و زنان خود نفقه آورنده شده اند، پس در خانواده باید حقوق مساوی داشته باشند و در امور مشوره کنند. درین جا لازم می‌افتد که خاطر نشان کنیم که آیات از نگاه تعبیر صورت تعبدی و مصلحی دارد. آیات تعبدی آن آیات است که به عبادت ارتباط میگیرد مانند روزهٔ ماه مبارک رمضان. کسی نه می‌تواند رمضان را بیست روز بسازد. یا نماز فرض شام را چهار رکعت سازد. آیات مصلحی آن آیات است که نظر به مصلحت روزگار تفسیر آن تغییر میخورد. طور مثال گوشت خوک حرام است و اما اگر ضرورت افتد، حلال است و یا سود حرام است و اما امروز برای اینکه مردم در کشور های غربی به زیان مادی نباشند ، سود را برای یک دربند خانه و یا منزل حلال دانسته اند. همچنان است آیات میراث که امروز میتواند نظر به ایجابات زمان مساویانه تقسیم شود زیرا اقتصاد چهارده صد سال قبل از امروز تفاوت دارد. امروز در اثر به وجود آمدن اقتصاد جدید ، سهم گیری زنان در بخش اقتصادی و سهم گیری شان در امور خانوادگی قبول ندارند که نصف مرد میراث گیرند. خواه مخواه این بینش چیزی نیست که مذهبیون و آنانیکه به تفسیر و تاویل قرآن نظر به ایجابات زمان اعتقاد ندارند ، قابل قبول باشد و اما اگر این مسایل را مد نظر نه می‌گیریم اعتقاد مسلمین را به عدالت اسلام مخصوصاً قشر اناث را در شرایط حاضر جهانی ضعیف و حتی بی علاقه می سازیم. به هر حال گُل سخن درین است که وقتی آیات سود که در قرآن حرام ذکر شده است ، دوباره تفسیر شده ، همه آیات دوباره تفسیر شده میتواند. زیرا آیات و یا بهتر بگوئیم انگاشت های اقتصادی قرآن جنبه نسبی دارد. طور مثال امروز یک شخص کار دارد و زکات میدهد و اگر سال آینده کار خود را از دست بدهد نه میتواند زکات دهد.

درین بخش می‌بینیم که آیا خداوند بین مرد و زن در اجتماع تبعیض روا داشته یا خیر. در اجتماع پنج موضوع برای مردان و زنان مطرح است.

کار، تعلیم و تربیه و امور قضائی و سهم گیری اجتماعی و سیاسی و
روابط خصوصی اجتماعی قسمیکه در بالا گفتیم قرآن مجید زمانیکه «ای
مردم» و یا «آنانیکه ایمان آورده اید» و یا «انسان» را خطاب میکند هر
دو جنس مرد و زن را احتواکرده است. و خداوند هر دو را مسئول ساخته
است زیرا زن و مرد هر دو خلیفهٔ خدا در روی زمین است

اول کار: در آیهٔ 195 آل عمران می‌خوانیم که

فَٱسۡتَجَابَ لَهُمۡ رَبُّهُمۡ أَنِّى لَآ أُضِيعُ عَمَلَ عَٰمِلٍ مِّنكُم مِّن ذَكَرٍ أَوۡ أُنثَىٰۚ بَعۡضُكُم
مِّنۢ بَعۡضٍۚ

تفسیر: پس، پروردگار شان دعای آنان را اجابت کرد و فرمود که من عمل
هیچ صاحب عملی از شما را ، از مرد یا زن، که همه از یکدیگرند، تباه
نمی کنم

در آیهٔ فوق دو مطلب عمده نهفته است. اول اینکه در زبان عربی «عمل»
کار معنی میدهد. یعنی نه تنها خدا کار زنان را در اجتماع مجاز دانسته
، برای مرد و زن اجر کار خوب شانرا میدهد. درین جا «عمل» تنها
مقصد از اعمال صالح مانند زکاة نیست، کار است. هر کاری که یک زن
و مرد آرزو داشته باشد و استعداد آنرا دارد و یا آرزو دارد در همان شغل
در آینده کار کند. در هیچ موضع قرآن و حدیث دیده نشده که مردان باید
در مورد کار زنان تصمیم بگیرند. زنان مانند مردان حق اجتماعی دارند
تا در مورد شغل خویش تصمیم گیرند نه اینکه مردان برایشان تصمیم
گیرند. خواه مخواه زنان که شوهر کرده‌اند باید در مورد تربیهٔ کودک خود
عمیق فکر کنند. اما اگر به مشورهٔ شوهر نه میخواهد همیشه در خانه باشد
و آرزو دارد که در بیرون خانه یک شغل داشته باشد ، هیچگونه ممانعت
شرعی وجود ندارد مشروط بر اینکه یک دائی دلسوز استخدام کند تا در
مراتب پرستاری کودک یاری کند. امروز دختران جوان آرزو دارند

دکتور طب شوند ، آرزو دارند مهندس شوند ، میخواهند قانون دان شوند زیرا نظر به حکم پیشوای اسلام آموختن علم برای زن و مرد مسلمان فرض است. دوم مطلب که در آیهٔ بالا میخوانیم اینکه »مرد یا زن ، که همه از یکدیگرند«. این بخش آیه چنین است که زنان و مردان مانند خواهر و برادر در دین هستند و با هم همکاری میکنند. ما این حق را نداریم که برای زنان یک شغل خاص را انتخاب کنیم و دلیل بیاوریم که چنین است و یا چنان است. زنان مجرد مختار هستند که هرگونه شغل را انتخاب کنند و قسمیکه تذکار داده شد زنان شوهر دار به مشورهٔ همسر شان شامل یک شغل میشوند. نقطهٔ قابل دقت در زندگانی امروز این است که کشور های اسلامی مخصوصاً آن کشور های که ذخایر معدنی استخراج شده ندارند ، مانند افغانستان ؛ و اقتصاد کشور بسیار ضعیف است یعنی تشبثات خصوصی تعداد شان کم است تا مردم کار کنند و عاید کافی داشته باشند و در عین زمان دولت قادر نیست تا نفوس ذکور را به کار اندازد تا بتوانند با حقوق کافی مصدر خدمت به خانوادهٔ خود شوند ، درین حالت است که زنان مجبور هستند که کار کنند و با شوهران شان بازو دهند و چرخ اقتصادی خانواده را بچرخانند. ازین جاست که آن پدیدهٔ گذشته که مرد نفقه آورنده است وقتی جنبهٔ عملی دارد که نظام اقتصادی قادر شود تا احتیاجات یک خانواده را تکافو کند و در آنصورت است که زن میتواند تنها در امور منزل رسیدگی کند ، آنهم در صورتی که آرزو داشته باشد. مطلب که درین تحقیق توصیه میشود این است که دختران جوان اگر آرزوی اشتغال مسلکی و فنی را در یک رشته داشته باشند باید قبل از عقد نکاح موقف خود را روشن سازند و بگویند که ایشان نکاح میکنند و اما به شغل خود ادامه میدهند و یا هر شرط دیگر که دارند میتوانند قبل از عقد پیشکش کنند و درج نکاح نامه شود زیرا در نکاح شرط است یعنی زن حق دارد شرایط خودش را پیشکش کند

دوم :تعلیم و تربیه: زنان و مردان مسلمان در بخش تعلیم و تربیه هم حقوق مساوی دارند. قرآن مجید در سورهٔ طه آیهٔ 114 میخوانیم که وَ قُل

رَبِ زِدنِی عِلماً یعنی و بگو: "پروردگارا، بر دانشم بیفزای ". این آیۀ
مبارکه برای مردان نیست. زن و مرد به دربار خداوند دعا میکنند و طلب
علم میکنند. به عبارت دیگر آیۀ فوق برای همه نسل بشر، زن و مرد نازل
شده است. پیشوای اسلام (ص) میفرماید که «آموختن علم برای زن و
مرد مسلمان مرد فرض است» در حدیث دیگر مبارک میخوانیم که
«درجستجوی علم باش حتی در چین» این حدیث نشان میدهد که برای
آموختن، زن و مرد مسلمان ،مرز نه می شناسد.

دانشمند گرامی عبدالرحمن صالح عبدالله در کتاب تیئوری تعلیم و تربیه
مینویسد که «اشتقاق کلمه تربیه در چندین موضع اتفاق افتیده است. اصلاً
لغت شناسان عرب معتقد هستند که کلمۀ «رَب» یعنی خداوند و «تربیه»
یعنی آموزش و پرورش از یک ریشه مشتق شده است. علامه مودودی
تذکر میدهد که بیاموز و غمخورشی کن، یکی از چندین معنی رَب است.
قرطبی میگوید که رَب یک صفت است که به کسی داده میشود که یک
کار را به وجه احسن به پایۀ کمال میرساند. شیخ رازی مقایسه میان الله
آموزگار و انسان آموزگاررا چنین قایل شده است و او معتقد است که الله
منحیث آموزگار همه احتیاج بنده اش را میداند زیرا او همه را خلق کرده
است و او خالق است . بر علاوه دلسوزی خداوند محدود به یک گروه
خاص نیست. خداوند همه مخلوق خود را می آموزاند و به همین ملحوظ
او رَب العلمین است. "(9) از همین سبب است که مسلمانان اعتقاد دارند
که این عقل است که انسان را به خدا وصل میکند و قسمیکه قبلاً تذکر
دادیم تفاوت میان عقل زن و مرد در آموختن نیست و اگر تفاوت میبود
پیشوای اسلام آموختن را برای مرد و زن یکسان فرض نه می گفت.
امروز فوق‌العاده ضرور است که جامعۀ ما به هر معیار که توان دارد
درآموزش و پرورش جوانان کشو ر ما سرمایه گذاری کند زیرا بدبختی
بزرگ کشور های مسلمان دوری از علم است. با کمال تأسف اکثر زیاد
زنان مسلمان در کشور های اسلامی بی‌سواد هستند. این بیسوادی که مغایر
جامعۀ مدنی اسلام است باعث شده است تا اکثر نفوس در کشور های

اسلامی بی‌سواد باشند زیرا مادران بی‌سواد فرزندان بی‌سواد در جامعه تقدیم می‌کنند.

سوم: امور قضائی: درین بخش دو موضوع مهم مورد بحث و ارزیابی قرار میگیرد . اول اینکه آیا زنان در کنار مردان از حقوق مساوی در امور قضائی برخوردارند و یا خیر و دوم اینکه چون در قرآن مجید دو شاهد زن درمقابل یک شاهد مرد قرار داده شده است آیا حقوق زن را کمتر از مرد می سازد؟

برای اینکه خوبتر موضوع را بررسی کرده باشیم بهتر خواهد بود تا تعریفی از «مدنی» داشته باشیم

مدنی به آن اجتماع و یا فرد اطلاق میگردد که از نگاه فکری ، اخلاقی ، فرهنگی و اجتماعی در سطح بلند ارتقا یافته باشد و یا انکشاف کرده باشد. و جامعۀ مدنی آن است که مردم در مقابل قانون حقوق مساوی داشته باشند. یک فرد مدنی آن شخصی است که به قانون پابند است و قانون را احترام می کند. اسلام دین مدنی است و برای این نازل شد تا انسان را از خود چیزی نه می‌دانست (آیه سوره علق آیه 5) بیاموخت و به تکامل برساند. زمانیکه پیشوای اسلام (ص) از مکه به یثرب هجرت نمود، نام یثرب را مدینه گذاشت. مدینه از مَدن آمده است یعنی شهری. و خواست با این تغییر نام، به مسلمانان بفهماند که ازین به بعد، مردمِ شهری هستند و شهر، قریه و دهکده نیست و درین جا همه شهروند همدیگر و از حقوق مساوی مدنی برخوردارند.

پس اولین مطلبِ عمده این است که قرآن برای تکامل جامعۀ بشری نازل شده است که جامعۀ بشری شامل مرد و زن است. همچنان اسلام آمد تا انسان را چه مرد باشد و یا زن از نگاه اخلاقی به تکامل برساند و از همین لحاظ رسول اکرم (ص) فرمود اینکه «من برای تکامل مکارم اخلاق آمده

ام». این سخن مبارک پیشوای اسلام هم برای همه بشریت نازل شده است و هر دو جنس را احتوا می کند. زمانیکه قرآن کریم می گوید «افلا تعقِلون» برای همه بشریت است نه اینکه تنها مردان تعقل کنند و زنان از تعقل محروم باشند

اینکه زن میتواند شاهد شود به این معنی است که اول در بیرون منزل حقوق قضائی دارد و دوم اینکه اسلام زن را در کنار مرد همسان دانسته است. دلیل اینکه دو شاهد زن است و یک شاهد مرد(آیۀ ۲۸۲ سورۀ بقره)، به خاطریست که زن از نگاه فیزیولوژیک به تفاوت خلق شده است. زنان تکالیف زنانه دارند و درین حالت است که امکانِ درد داشتن می رود ، امکانِ خستگی میرود، امکانِ خونریزی شدید می رود. با درنظرداشت این موضوع یک شاهد دیگر برای اینکه نشود یکی نسبت درد و الم فراموش کند و در امورِ قضائی خلل صورت گیرد. این دو شاهد بودن حق زن را از نگاه مدنی کم نه می کند زیرا قسمیکه گفتیم در کنار مرد در جامعه حقوق قضائی و مدنی دارد و برای شهادت حاضر شده است. به عبارت دیگر حاضر شدن زن در شهادت در بیرون از منزل یک مساله مدنی، حقوقی و قضائی است. تنها مسأله فیزیولوژیک زن است که چون اسلام دین عدل و برابری است ، قرآن آنرا مد نظر گرفته است نه اینکه زن را از حقوق مدنی و قضائی محروم ساخته باشد.

نه تنها که زنان حق شهادت را دارند در عین زمان حق دارند تا در همه امورقضائی سهم گیرند. دلیل شرعی این مطلب نقش فعال بی بی عایشه صدیقه (رض)در امورخانوادگی و فقهی می باشد. همسر گرامی پیشوای اسلام بی بی عایشه یک فقیه بود. « از عطا بن رباح روایت شده است که گفت : عایشه فقیه ترین و عالم ترین و نیکو ترین مردم در رأی و نظر بود.» بعد از رحلت پیشوای اسلام در بین هفت فقیه در مدینه یکی آن بی بی عایشه بود و مردم چیزی را که نه می دانستند از بی بی سؤال میکردند. همه تنگ نظری ها ، تعصبات و زن ستیزی ها در اسلام بعد از

در گذشت بی بی عایشه ظهور کرده است . دلیل شرعی که زنان در کنار مردان حق دارند شامل کدر های حقوقی و قضائی شوند ، سهم فعال بی بی عایشه در امورخانوادگی و قضائی میباشد.

سهم گیری اجتماعی و سیاسی مردان و زنان

در شروعِ اسلام ، زنان در کنار مردان در بنای تمدن اسلامی نقش بارز بازی کرده اند. اولین حرکت اجتماعی زنان و مردان مسلمان در هجرت صورت گرفت که به دستور پیشوای اسلام زنان و مردان یکجا هجرت کردند . ما به جای اینکه در اصل جنبش اسلامی نظر بیفگنیم به مأخذ رجوع می‌کنیم که از رسالت پیشوای اسلام به دور است. تاریخ را نادیده می‌گیریم و به جای احادیث معتبر که با تاریخ سازگار باشد ،با هدف قرآن سازگار باشد، به دستور های فقهی که ساخته و بافتهٔ انسانهاست و نه با قرآن مطابقت دارد ، نه به تاریخ اسلام مطابقت دارد و نه با روش اصلی پیشوای اسلام مطابقت دارد، رجوع می‌کنیم و این مشکل بزرگ را به بار آورده است. در زمان حیات پیشوای اسلام زنان و مردان در یک زمان و محل وضو میگرفتند(حدیث شماره 193 باب وضو صحیح بخاری). زن ستیزان کلمات محرم را درین حدیث از خود زیاد کرده‌اند در حالیکه اصل حدیث از مردان و زنان گزارش میدهد نه از زن و شوهر. در غزوات اسلام زنان برادران هم دین شانرا که محرم نبودند پرستاری میکردند و درین صحنه داستان تفاوت میان زن و مرد نبود. لطفاً به کتاب صحیح بخاری فصل جهاد ، باب جهاد زنان احادیث شماره 128و 129 مراجعه کنید.خیمهٔ رُفَیده ال اسلمیه که در جنگ خندق برای زخمیان آماده ساخته بود تا مجاهدین را علاج و پرستاری کند(10)). همه در دین با هم خواهر و برادر بودند. زنان در عقب مردان در مسجد نماز ادا میکردند. و جواب سؤال خود را از پیشوای اسلام می‌گرفتند و یا به پیامبر نظر میدادند و یا با خلیفهٔ اسلام بحث میکردند. یکی دو مثال درین جا لازم است. منبر که امروز در مسجد وجود دارد نظر به پیشنهاد یک زن ساخته شده است. داستان چنین بود که روزی رسول کریم (ص) خطبه می‌گفت و یک زن

پیشنهاد کرد که ای پیامبر تو خسته می‌شوی اگر همه وقت ایستاده بمانی ؛ چطور است که برایت یک منبر بسازم تا بتوانی بنشینی. حضرت سید المرسلین آن پیشنهاد را پذیرفت و منبر که امروز امام بالای آن قرار میگیرد و خطبه میگوید به وجود آمد. روزی حضرت عمر (رض) برای اینکه مسئلهٔ مَهر را آسان ساخته باشد ، در وقت خطبه پیشنهاد کرد که مهر را زنان کم بگیرند. یک بانو برخاست و اقامهٔ دلیل کرد که خداوند به ایشان این حق را داده است پس او (حضرت عمر فاروق (رض)) نه میتواند این حق را از ما بگیرد. امروز برای زنان یک اتاق جداگانه در مساجد بنا کرده اند. در دورهٔ طالبان پرستار زن حق پرستاری برادر هم دین خود را در بیمارستان نداشت و همین کوشش میکنند تا چه راهی پیدا شود تا زنان را از اجتماع دور کنند. بزرگترین مشاور برای پیامبر همسرانش بود و امروز با ارائهٔ یک حدیث جعلی زنان را ناقص العقل می شمارند. زمانیکه پیامبر وحی دوم را گرفت که بر خیز و مردم را آگاه بساز (سورهٔ مدثر آیهٔ دوم) ، پیشوای اسلام از خدیجه کبری (رض) پرسید از کجا شروع کند؟ کوتاه کردن مو در هنگام حج از پیشنهادا ت همسر گرامی پیامبر بی بی اُم سلمه است. اینجا می‌بینیم که مشوره در امور خانوادگی برای مسلمانان سنت است. زنان در کنار مردان در دوران حیات پیشوای اسلام کار میکردند و نفقه آورنده بودند و همسران خود را کمک میکردند. نه تنها که بی بی خدیجه کبرا تجارت خودش را داشت ، دیگر زنان هم با همسران شان کمک میکردند . داستان بی بی هاجره همسر ابراهیم (ع) که تنها گذاشته شد و برای یک جرعه آب آنقدر بالا و پائین دوید که آب زمزم فوران کرد ، داستان دیگری است از نقش زنان در تاریخ دین که به تنهائی در راه زندگی قدم گذاشتند و باعث افتخار اسلام شدند.

در امور سیاسی نه تنها که زنان در کنار مردان در غزوات بودند و مردان را کمک میکردند ، عایشه همسر گرامی پیشوای اسلام نمونهٔ بزرگ زن در سیاست است. حرکت عایشه در مقابل حضرت علی (کرم الله وجهه) یک حرکت سیاسی بود. اینکه حق به جانب بود و یا خیر ، بحث جداگانه

است و اما اینکه مردان را دور خود جمع کرد و یک مبارزهٔ سیاسی را
براه انداخت نمایندگی از این مطلب عمده میکند که زنان از سیاست به دور
نمی‌توانند باشند و در زندگی امروز از حقوق سیاسی و انتخاباتی و شرکت
در امور سیاسی برخوردارند. امروز زنان در همه کشور ها در امور
سیاسی و اقتصادی شان یک نقش سازنده بازی میکنند و از مردان هیچ
کمی و کاستی ندارند.

مطالعات دقیق قرآن شناسی نشان میدهد اینکه قرآن مجید کتاب عدالت
است و اما متأسفانه در تفسیر توجه لازم صورت نگرفته است و
مخصوصاً در نقش مساوی زن و مرد از نگاه مدنی شدید جفا شده است.
آیات همه به جانبداری از مردان تفسیر شده است و این معضله زنان
مسلمان را در بخش دوم اجتماع قرار داده است.

در بالا دیدیم که اسلام نه در خلقت ، نه در خانواده و نه در اجتماع بین
زن و مرد تبعیض نکرده است و از نگاه مدنی زن و مرد در اسلام حقوق
مدنی مساوی دارند

شرکت زنان در مراسم تشیع جنازه

یکی از تعصبات زن ستیز در جامعهٔ ما اجازه ندادن خواهران ما در مراسم
تشیع جنازه است که درین بخش توضیح می کنیم

قسمیکه تا حال دانستیم که زنان مسلمان مانند مردان از حقوق مدنی در
اسلام برخوردار هستند و شرکت در نماز جنازه برای زنان حرام نیست
که اجازه داده نشده باشد

جواب این سؤال را در گذشته های دور در ماهنامهٔ کاروان نوشته بودم
و هم زمانی که برنامه ساز تلویزیون نور بودم اظهار کرده بودم.

در حدیث شماره 368 صحیح بخاری ، کتاب الجنائز ، باب 29 از اُم عطیه رضی الله عنها روایت شده است که «نُهینا عَنِ اَتباع الجنائز و لَم یُعزَم عَلَینا» یعنی (ما را از رفتن در پی جنازه نهی کردند. اما درین باره عزم سختگیرانه تحمیل نکردند). از متن این حدیث مبارک دانسته می‌شود که کلمۀ حرام نیامده است و تنها از «نهی» سخن به میان آمده است که معنی (بازداشتن) را دارد نه حرام بودن را. زیرا کلمۀ حرام در شریعت مبارک اسلام معنی بسیار شدید دارد مانند حرام بودن گوشت خوک و غیبت کردن که در نص قرآن مجید آمده است. مشکل درین جاست که واعظین محترم معنی «لَم یُعزَم عَلَینا» را که فهم آن از نگاه علم فیلولوژی مشکل است ، دقیق ندانسته اند که نهی را با عزم سختگیرانه اظهار نکرده اند. از جانب دیگر درین متن گفته نشده است که این نهی را رسول کریم (ص) فرموده باشد. "نُهینا" به صیغۀ مجهول است یعنی که فاعل آن معلوم نیست که این نهی را شاید حضرت رسول کریم (ص) و یا اطرافیان ایشان کرده باشند. به هر صورت در حدیث مبارک نیامده است که رسول اکرم (ص)چنین نهی کرده باشد. باید یاد آور شویم که در مورد بحثِ ما تنها یک حدیث وجود دارد و بس.

برای فهم درست شریعت اسلام، دانستن تاریخ عرب قبل از اسلام ، شرایط اجتماعی و سیاسی زمان پیامبر (ص) و جامعه شناسی اسلامی ضروری است. یعنی ما نه میتوانیم عجولانه تصمیم گیریم تا این مسایل را درست ندانیم. در زمان دورۀ جاهلیت یعنی قبل از اسلام ، زنان کفار در ایام عزاداری به سر و روی خود میزدند ؛ بر سر و موی خود خاک می زدند؛ پیراهن خود را پاره میکردند؛ چیغ میزدند و نوحه سر میدادند. با آمدن اسلام این عادات همه خرافات دورۀ جاهلیه پنداشته شد و حرام گردید. رسول اکرم (ص) فرمود که آنانیکه این اعمال را انجام میدهند از جملۀ اوشان نیست یعنی از امت اسلام نیستند. در احادیث ریاض الصالحین میخوانیم که نوحه کردن بر مرده از خصال و صفات کفار است(11). یک دلیل که زنان را اجازه نه میدهند تا در جنازه اشتراک کنند ، اساساً این

نیست که اشتراک شان در جنازه حرام است ؛ اول برای این است که زنان از احساسات کار میگیرند و همین اعمال نا روا را متأسفانه انجام میدهند که این بی‌خبری شان از دین اسلام است ورنه هیچ زن مسلمان آگاهانه مرتکب همچو اعمال نمیشود.دوم اینکه کلمهٔ «نهی» را به «حرام» تبدیل کرده‌اند.دکتر یوسف قرضاوی در تعریف «حرام» در کتاب حلال و حرام در اسلام می نویسد، «حرام امری است که خداوند بطور حتم از آن نهی کرده باشد، به نحوی که اگر کسی خلاف آن عمل کند در قیامت مورد خشم و عقاب او قرار میگیرد و گاهی در دنیا نیز به مجازات شرعی دچار میشود» (12). موصوف در اصول و قوانین اسلام در بارهٔ حلال و حرام مادهٔ دوم مینگارد که « حلال و حرام نمودن اشیاء تنها حق خدا است»(13). نهی را به حرام تبدیل کردن یک اشتباه بزرگ در اصول فقه می‌باشد و نابخشودنی است .

چند سال قبل ، من شخصاً در یک جنازه شرکت کرده بودم و وقتی که موترجنازه صحن مسجد مبارک حضرت ابوبکر صدیق (رض) را که در شهر هیوارد ، شمال کلیفورنیا ، ایا لات متحدهٔ آمریکا موقعیت دارد ، ترک میکرد ، دخترانِ جوانِ خانوادهٔ متوفی در عقب موتر جنازه می دویدند و چیغ میزدند. آنانیکه مسئولیت دینی دارند کار خود را آسان کرده‌اند و به جای اینکه ازین اعمال با تدریس درست و آموزنده جلوگیری کرده باشند مطلق زنان را اجازه نه میدهند که در جنازه اشتراک کنند درحالیکه حقوق مدنی زن و مرد مسلمان در اسلام مساوی است و نباید ایشان را از حقوق مدنی شان محروم ساخت. در عوض ما باید به زن و مرد مسلمان آموزش و پرورش دهیم و این مسایل را در خطبه ها داخل کنیم و سیمینار ها دائر کنیم تا نه دانسته به اعمال نا روا دست نزنند. گریهٔ آرام و بی صدا و اشک ریختن آرام جائز است زیرا این احساس آدمی است که ما یک عزیز خود را از دست بدهیم، خواه مخواه همین حالت رقت آمیز برای هر کس پیدا میشود. در حدیث مبارک میخوانیم که «البُکا من الرحمه و الصُراخُ من الشیطان» یعنی (گریه از رحمت است و فریاد

21

از شیطانست).(14). دلیل آرام اشک ریختن این است که اول احساس آدمی است و طبیعی است. دوم ما از قلب باید نشان دهیم که به رضای خداوند تسلیم هستیم زیرا مرگ قانون خداوند است و همه روزی این دنیا را ترک خواهیم کرد بدون اینکه روز موعود را بدانیم در عین زمان اسلام یعنی تسلیمی به ذات اقدس الهی. و سوم چیغ و فریاد روح متوفی را نارام میسازد چنانچه در حدیث مبارک میخوانیم «المیتُ یُعَذب فی قبرِهِ بما یُناحُ علیه» یعنی میت در قبر از ناله و فریادی که بر مرگ او کنند معذب میشود(15). نتیجه اینکه

اول اشتراک زنان در جنازه حرام نیست و اما زنان باید احساسات خود را اداره کنند: الف، از اعمال کفر آمیز جلوگیری کنند ؛ ب، باعث اذیت متوفی نشوند و ج- در وقت جنازه لباس موزون سر را پا پوشیده به بر کنند و درعقب مردان در صورتیکه عذر نداشته باشند به نماز جنازه اقتدا کنند

دوم زنان و مردان مسلمان در مدنیت و اسلامیت با هم برابرند

سوم از نگاه روانشناسی احساس آدمی در وقت در گذشت عزیزان زن و مرد نه می شناسد. زنان مانند مردان حق دارند در چارچوب قرآن و سنت احساس خود را چنانچه شایسته است در زمان از بین رفتن عزیزان خود ابراز کنند و در عزاداری محترمانه شرکت کنند. از امامان و خطیبان محترم و گرانقدر صمیمانه و محترمانه تقاضا میکنیم تا شرایط زمان و مکان را مد نظر گیرند. امروز اکثر زنان مخصوصاً در کشور های غربی تحصیل یافته هستند و یا به مشاغل مختلف مصروف خدمت هستند. در وقت دفن محترمانه خواهران خود را دعوت کنند و در یک طرف قبر مردان ایستاده شوند و در جانب دیگر زنان. بدین ترتیب از وعظ خطیب محترم که بالای قبر همه از علم سخن میگوید و آموختن علم برای مرد و زن مسلمان فرض است، همه مستفید میشوند. همین مسایل زیاد تر و

زیاد تر تبلیغ شود تا تعصبات بیجا ، زن ستیزی و پایمال کردن حقهٔ حقه
زنان ما آهسته آهسته از بین برود و ما همان جامعهٔ مدنی را که پیشوای
اسلام (ص) در مدینه بنیان گذاشت دو باره اِحیا کنیم .

خواهر قرآنی

بعضی اوقات می‌شنویم که یک مرد می‌گوید که فلان زن خواهر قرآنی
اوست. در اسلام همچو چیزی وجود ندارد . این مطلب چنین معنی میدهد
که آن مرد به آن زن مانند خواهر هم خونش که از یک پدر و مادرند،نگاه
میکند که این حرام است و غیر شرعی است و اما زنان و مردان در دین
با هم خواهر و برادرند نه در خون. متأسفانه آیهٔ دهم سورهٔ حُجرات در
همه تفاسیر غلط تفسیر شده است. اصل آیه چنین است: «انما المومنونَ
اخوةُ» معنی شده است که ''در حقیقت مومنان با هم برادرند''. اینجا
می‌بینیم که مفسرین کلمهٔ «اِخوه» را تنها برای مذکر یعنی مردان تفسیر
کرده اند. در حالیکه ریشهٔ «اخوه» ، از «أَخ» برای برادر و «أُخت» برای
خواهر آمده است. پس اصل تفسیر آیهٔ فوق چنین باید باشد که (مومنان با
هم در دین خواهر و برادر هستند). برادری و خواهری در دین این است
که زن مسلمان و مرد مسلمان به همدیگر نظر بد نه می داشته باشد. زن
و مرد مسلمان غیبت و سخن چینی همدیگر را نه می کند. زن و مرد
مسلمان به همدیگر تهمت نه می بندد. زن و مرد مسلمان همدیگر را
توهین و اهانت نه می کند. زن و مرد مسلمان به همدیگر خیانت نه می
کند.و برعکس زن و مرد مؤمن با هم همکاری میکنند. زن و مرد مؤمن
از همدیگر در زمان احتیاج پشتیبانی میکند.

در عین زمان چون در خون خواهر و برادر نیستند محرم همدیگرنه می
باشند. یعنی اگر طرفین آرزومندی نکاح را داشته باشند ، مودبانه پیشنهاد
میکنند. اگر قبول شد ، در آنوقت باید نکاح کنند و اگر مودبانه رد می‌شود
در آنصورت دوباره در دین باهم خواهر و برادر می‌شوند که در بالا
تذکر رفت.

زنان و مردان در اجتماع با هم یکجا هستند و همکاری میکنند. ببینید خداوند در سورهٔ توبه آیهٔ هفتاد و یکم چه زیبا گفته است: وَالْمُؤْمِنُونَ وَالْمُؤْمِنَاتُ بَعْضُهُمْ أَوْلِيَاءُ بَعْضٍ ۚ يَأْمُرُونَ بِالْمَعْرُوفِ وَيَنْهَوْنَ عَنِ الْمُنكَرِ وَيُقِيمُونَ الصَّلَاةَ وَيُؤْتُونَ الزَّكَاةَ وَيُطِيعُونَ اللَّـهَ وَرَسُولَهُ ۚ أُولَـٰئِكَ سَيَرْحَمُهُمُ اللَّـهُ ۗ إِنَّ اللَّـهَ عَزِيزٌ حَكِيمٌ

تفسیر:و مردان و زنان مؤمن دوستدار همدیگرند، که امر به و نهی از منکر میکنند و نماز بر پا می دارند و زکات می پردازند و از خداوند و پیامبر او اطاعت میکنند؛ زودا که خداوند بر آنان رحمت آورد، که خداوند پیروزمند فرزانه است در آیهٔ فوق می‌بینیم که زن و مرد را دوستدار همدیگر خطاب کرده و خداوند از هر دو یک توقع دارد که همانا زن و مرد امر به معروف کنند، نماز را بر پا دارند ، زکات دهند. درین آیه گفته نشده که تنها مردان امر به معروف کنند و زنان ازین مسئولیت معذور هستند. زن و مرد در اجتماع مساویانه مسئول هستند. درین آیه کلمهٔ زن و شوهر گفته نشده که ما این آیه را محدود به حرم خانواده کنیم

چنانچه در فوق دیدیم زنان و مردان در عرصه های سیاسی و اجتماعی در اسلام جزء لاینفک اجتماع هستند. یکی از مشکلات جوامع اسلامی این است که چون به زنان احترام قائل نیستند و زنان را ناقص العقل می‌گویند ازین لحاظ نه می‌خواهند تا زنان در مسایل عامه و سیاسی شرکت داشته باشند و این یک روحیهٔ قومی و قبایلی است و نه مدنی اسلامی. به عبارت دیگر اکثر مردان از نگاه عقلی به زنان اعتماد ندارند و فکر می‌کنند که مردان، زنان را فریب میدهد و نباید در اجتماع نزدیکی کنند. این یک تعصب بیجا و تبعیض در مورد خلقت خداوند است و بی احترامی به زن.بانو ساوجی در کتاب حقوق زن در اسلام و خانواده می‌نویسد ، «اما از طرفی به جهاتی دیگر در مورد حقوق اجتماعی و سیاسی زنان سکوت نموده زیرا عرب متعصب و غیور آن عصر که تاب تحمل این

افکار را نداشت دشوار می‌نمود که به احترام و زمامداری زن ، تن در دهد و یا او را در کار های مردانه هم تراز خود بداند، چون در هر حال ریشه‌های دیرین ستم کارانه در بارۀ زن آمیخته باشرف و غرور قومی چنان بود که به آسانی افکار سیاه عقیدتی خود را در بارۀ زن فرموش نمیکرد و همین عادات و سنت‌های قومی، کم کم رشیه های قوی تری پیدا کرد که بعداً در تمام ممالک اسلامی به زنان توجهی حتی در حدود اسلامی هم نگردید بلکه بر عکس در جهت خلاف آن سیر کرد»(16)

زنان و مردان در اجتماع حق دارند بالای مسایل صحبت کنند ، مذاکره کنند ، و مهمتر اینکه حق دارند در حضور دیگران به شکل خصوصی به مذاکره بنیشینند و کدام ممانعت شرعی وجود ندارد. اخلاق تدریس می‌شود، قانونمندی نه میشود. قرآن کریم به زنان و مردان یکجائی در سورۀ احزاب آیۀ سی و پنجم خطاب میکند

إِنَّ الْمُسْلِمِينَ وَالْمُسْلِمَاتِ وَالْمُؤْمِنِينَ وَالْمُؤْمِنَاتِ وَالْقَانِتِينَ وَالْقَانِتَاتِ وَالصَّادِقِينَ وَالصَّادِقَاتِ وَالصَّابِرِينَ وَالصَّابِرَاتِ وَالْخَاشِعِينَ وَالْخَاشِعَاتِ وَالْمُتَصَدِّقِينَ وَالْمُتَصَدِّقَاتِ وَالصَّائِمِينَ وَالصَّائِمَاتِ وَالْحَافِظِينَ فُرُوجَهُمْ وَالْحَافِظَاتِ وَالذَّاكِرِينَ اللَّهَ كَثِيرًا وَالذَّاكِرَاتِ أَعَدَّ اللَّهُ لَهُم مَّغْفِرَةً وَأَجْرًا عَظِيمًا

تفسیر: بیگمان مردان و زنان مسلمان ، و مردان و زنان مؤمن ، و مردان و زنان فرمانبر، و مردان و زنان درستکار، . مردان و زنان شکیبا، و مردان و زنان فروتن ، و مردان و زنان صدقه بخش ، و مردان و زنان روزه دار، و مردان و زنان پاکدامن ، و مردان و زنانی که خداوند را بسیار یاد میکنند، خداوند برای آنان آمرزش و پاداشی بزرگ آماده ساخته است.

در آیۀ فوق می‌بینیم که خداوند مرد و زن را در بخش اجتماعی مانند صدقه ، بخش اطاعت از خداوند ، بخش روانشناسی مانند تواضع ، بخش صداقت و ایمانداری یکسان خطاب می‌کند و پاداش میدهد. این آیه در بخش زنان

و مردان را نشان میدهد که در مقابل خداوند مسئولیت مشترک دارند.

حقیقتِ حجاب

یک مسأله دیگر که زنان را از مردان متمایز ساخته است موضوع حجاب است. درین مورد سه سؤال را مطرح می‌کنیم و جواب می گوئیم

اول آیا حجاب خاص زنان است؟ دوم آیا زینت خاص زنان است؟ سوم با مطالعه دقیق فیلولوژی یعنی علم ساختمان بندی جملات و لغت شناسی آیا سر پوشی برای زنان حتمی است؟و یا به انتخاب یک خواهر مسلمان مربوط میشود. مطالعهٔ لغت در کار ما نهایت ارزنده است زیرا ما متوجه شدیم که در اثر عدم شناخت لغت اشتباهات جبران ناپذیر صورت گرفته است. طور مثال در تفاسیر میخوانیم که اگر زن بعد از دو مرحله یعنی نصیحت و بستر جدا کردن اصلاح نشد ، او را بزنید. در حالیکه «اضْرِبُوهُنَّ» ، «زدن» تفسیر نمیشود بلکه «جدا شدن» تفسیر میشود زیرا در اسلام طلاق فرض است و نکاح سنت. اگر ما قبول کنیم که «زدن» زن درست است، پس خداوند العیاذ بالله خودش دهشت و وحشت را در خانواده جایز دانسته است

برای اینکه به منزل مقصود برسیم ، باید تعریفاتِ از بعضی لغات داشته باشیم که در اول مهمترین آن کلمهٔ «حجاب» و دوم آن «زینت» است.هر دو کلمه قرآنی است. یعنی هم حجاب و هم زینت در قرآن تذکر یافته است. حجاب در لغت معانی مختلف دارد . کلمهٔ حجاب در سوره‌های الاسراء آیه 45 ، اعراف آیه 46 ، احزاب آیهٔ 53 ، ص آیه 32 ، فصلت آیهٔ 5 ، شوری آیهٔ 51 و مریم آیهٔ 17 زیاد تر به معنی حایل آمده است نه لباس شخص. بیائید این آیات مبارک را بر رسی کنیم: الاسراء آیهٔ 45 میخوانیم وَإِذَا قَرَأْتَ الْقُرْآنَ جَعَلْنَا بَيْنَكَ وَبَيْنَ الَّذِينَ لَا يُؤْمِنُونَ بِالْآخِرَةِ حِجَابًا مَّسْتُورًا

تفسیر: و چون قرآن خوانی ، بین تو و بی ایمانان به آخرت ، حجابی

پوشیده قرار دهیم

سورهٔ اعراف آیهٔ 46

وَبَيْنَهُمَا حِجَابٌ ۚ وَعَلَى الْأَعْرَافِ رِجَالٌ يَعْرِفُونَ كُلًّا بِسِيمَاهُمْ ۚ وَنَادَوْا أَصْحَابَ الْجَنَّةِ أَن سَلَامٌ عَلَيْكُمْ ۚ لَمْ يَدْخُلُوهَا وَهُمْ يَطْمَعُونَ

تفسیر: و بین آنان حایلی است و بر روی اعراف [بلندی ها] مردانی هستند که همگان را به سیمایشان می شناسند؛ و بهشتیان را ندا دهند که سلام بر شما باد ، [اینان] هنوز وارد [بهشت] نشده اند، اما امید می‌برند

سورهٔ احزاب آیهٔ 53

وَإِذَا سَأَلْتُمُوهُنَّ مَتَاعًا فَاسْأَلُوهُنَّ مِن وَرَاءِ حِجَابٍ

و نیز هنگامی که از همسران او چیزی [کالائی] خواستید، از پشت حجاب و حایلی [آن را] از ایشان بخواهید

آیهٔ فوق رابطهٔ همسران پیامبر (ص) را با مردم توضیح میکند که امروز آن بی بی ها حیات ندارند و دوم اینکه این آیه خاص برای همسران پیامبر نازل شده است نه همه زنان مسلمان

سورهٔ «ص» آیهٔ 32

فَقَالَ إِنِّي أَحْبَبْتُ حُبَّ الْخَيْرِ عَن ذِكْرِ رَبِّي حَتَّىٰ تَوَارَتْ بِالْحِجَابِ

[سلیمان (ع) سرگرم تماشای آن‌ها شد] آنگاه گفت [دریغا]من چنان شیفتهٔ مهر اسبان شدم که از یاد پروردگارم غافل شدم ، تا آنکه [خورشید] در حجاب [مغرب] پنهان شد

سورهٔ فصلت آیهٔ 5

وَقَالُوا قُلُوبُنَا فِي أَكِنَّةٍ مِّمَّا تَدْعُونَا إِلَيْهِ وَفِي آذَانِنَا وَقْرٌ وَمِن بَيْنِنَا وَبَيْنِكَ حِجَابٌ فَاعْمَلْ إِنَّنَا عَامِلُونَ

و گویند دلهای ما را از آنچه ما را به آن می‌خوانی در پوشش است و در گوش‌های ما سنگینی ای، و میان ما و تو حجابی است ، هر چه خواهی کن که ما نیز کننده ایم

سورهٔ شوری آیهٔ 51

وَمَا كَانَ لِبَشَرٍ أَن يُكَلِّمَهُ اللَّهُ إِلَّا وَحْيًا أَوْ مِن وَرَاءِ حِجَابٍ أَوْ يُرْسِلَ رَسُولًا فَيُوحِيَ بِإِذْنِهِ مَا يَشَاءُ ۚ إِنَّهُ عَلِيٌّ حَكِيمٌ

تفسیر: و هیچ بشری را نرسد که خداوند با او سخن گوید مگر از راه وحی، یا از پشت پرده ای؛ یا فرشته‌ای بفرستند و آنچه می‌خواهد به اذن خویش وحی کند که او بلند مرتبهٔ فرزانه است

سورهٔ مریم آیهٔ 17

فَاتَّخَذَتْ مِن دُونِهِمْ حِجَابًا فَأَرْسَلْنَا إِلَيْهَا رُوحَنَا فَتَمَثَّلَ لَهَا بَشَرًا سَوِيًّا

تفسیر: و از آنان پنهان شد؛ آنگاه روح خویش [جبرئیل] را به سوی او فرستادیم که به صورت انسانی معتدل به دیدهٔ او درآمد

می‌بینیم که حجاب در موارد مختلف به کار رفته است. چون حجاب پنهان شدن ، حایل ، پوشش ، و پرده معنی میدهد ازین لحاظ دانشمندان همین کلمه را برای لباس به کار برده اند. نکتهٔ اول را که میخواهیم به اثبات برسانیم این است که در قرآن مجید حجاب برای لباس شخص تذکر نرفته و اما دانشمندان ازین کلمه برای حل مقصد استفاده به عمل آورده اند. به عبارت دیگر در هیچ موضع قرآن مجید دیده نمیشود که لغت «حجاب» برای لباس زنان گفته شده باشد

الزینه بر وزن فِعله برای بیان هیئت آرایش معنی میدهد و همچنان آنچه بدان زینت دهند مانند «یومُ الزینة» یعنی روز عید و همچنان پوشاک معنی میدهد چنانچه در آیهٔ 31سوره اعراف میخوانیم.

یَا بَنِي آدَمَ خُذُوا زِينَتَكُمْ عِندَ كُلِّ مَسْجِدٍ وَكُلُوا وَاشْرَبُوا وَلَا تُسْرِفُوا ۚ إِنَّهُ لَا يُحِبُّ الْمُسْرِفِينَ

تفسیر: ای فرزندان آدم زینت[پوشاک] خود را در هر مسجدی بر گیرید و بخورید و بیاشامید ولی اسراف نکنید چرا که او اسراف کاران را دوست ندارد

در آیهٔ فوق دیده می‌شود که زینت تنها برای زنان نیست و در آیه نه تنها قرآن مرد و زن را خطاب میکند ، "ای فرزندان آدم" آمده است یعنی همه بشریت. اکثراً مردم چنین دانسته اند که زینت تنها برای زنان است در حالیکه چنین نیست . در آیهٔ 30 و 31 سورهٔ نوربازهم خداوند زن و مرد را به آبرومندی دعوت میکند. ببینید قرآن چه می‌گوید

قُل لِّلْمُؤْمِنِينَ يَغُضُّوا مِنْ أَبْصَارِهِمْ وَيَحْفَظُوا فُرُوجَهُمْ ۚ ذَٰلِكَ أَزْكَىٰ لَهُمْ ۗ

إِنَّ اللَّـهَ خَبِيرٌ بِمَا يَصْنَعُونَ

تفسیر: به مردان مؤمن بگو دیدگان [از نظر بازی] فرو گذارند و شرمگاه شان را محفوظ بدارند، این برای آنان پاکیزه تر است، بیگمان خداوند به آنچه می کنند آگاه است و در آیۀ ۳۱ همین سوره به تعقیب آن زنان را خطاب می‌کند و می گوید

وَقُل لِّلْمُؤْمِنَاتِ يَغْضُضْنَ مِنْ أَبْصَارِهِنَّ وَيَحْفَظْنَ فُرُوجَهُنَّ وَلَا يُبْدِينَ زِينَتَهُنَّ إِلَّا مَا ظَهَرَ مِنْهَا ۖ وَلْيَضْرِبْنَ بِخُمُرِهِنَّ عَلَىٰ جُيُوبِهِنَّ ۖ وَلَا يُبْدِينَ زِينَتَهُنَّ إِلَّا لِبُعُولَتِهِنَّ أَوْ آبَائِهِنَّ أَوْ آبَاءِ بُعُولَتِهِنَّ أَوْ أَبْنَائِهِنَّ أَوْ أَبْنَاءِ بُعُولَتِهِنَّ أَوْ إِخْوَانِهِنَّ أَوْ بَنِي إِخْوَانِهِنَّ أَوْ بَنِي أَخَوَاتِهِنَّ أَوْ نِسَائِهِنَّ أَوْ مَا مَلَكَتْ أَيْمَانُهُنَّ أَوِ التَّابِعِينَ غَيْرِ أُولِي الْإِرْبَةِ مِنَ الرِّجَالِ أَوِ الطِّفْلِ الَّذِينَ لَمْ يَظْهَرُوا عَلَىٰ عَوْرَاتِ النِّسَاءِ ۖ وَلَا يَضْرِبْنَ بِأَرْجُلِهِنَّ لِيُعْلَمَ مَا يُخْفِينَ مِن زِينَتِهِنَّ ۚ وَتُوبُوا إِلَى اللَّـهِ جَمِيعًا أَيُّهَ الْمُؤْمِنُونَ لَعَلَّكُمْ تُفْلِحُونَ

آیۀ دومی که برای زنان نازل شده هم طویل تر است و هم مواردِ در آن نهفته است که از همین آیه ، حجاب زنان را علما طرح کرده اند. اول مانند مردان زنان را خطاب می‌کند اینکه:

تفسیر : و به زنان مؤمن [هم] بگو دیدگانشان را فرو گذارند و شرمگاه شان‌را محفوظ بدارند. می‌بینید که خداوند زنان را به مانند مردان خطاب کرده و مهمتر اینکه این آیه بُرقه و نقاب سیاه را که عرب‌ها می بندند حکم نکرده است زیرا مردان و زنان باید دیدگاهشان را در زمان معاشرت اجتماعی فرو اندازند. این آیه در رابطه به اجتماع نازل شده است و بعد آیه می گوید « و زینتشان را جز آنچه از آن آشکار است ، آشکار نکنند» زینت چیست؟ آیا مقصد از زینت موی است ، لب است و یا چشم است؟ حدیثِ وجود ندارد که پیشوای اسلام زینت را تعریف کرده باشد. قسمیکه میدانیم صورت برهنه است. پس چشم و لب و بینی و رخسار نه می‌تواند زینت باشد. جالب اینکه دو عضو بدن زن است که از نگاه مطالعات

روانی تن شناسی فوق‌العاده باعث تحریک شهوانی مردان می‌شود و آن عبارت اند از چشم و لب است و این را خداوند زینت نگفته است و با در نظر داشت هیپنوتیزم قرآن حکم میکند که مردان و زنان چشمان شانرا پایین افگنند نه اینکه بپوشانند. هر تعریف که شما از زینت دارید ، دانشمندان از خود تعریف کرده اند. قسمیکه گفتیم زینت مانند حجاب به انواع گوناگون در قرآن معنی میدهد مانند پوشش ، آرایش ، ،در سوره هود آیه 15 ، تجمل، در سوره یونس آیه 88 ، زینت و مال زندگانی یعنی اسباب قشنگ و زیورات. ما یک تعریف کُلی برای زینت زن هم نداریم. مرجع قانون در اسلام قرآن و سنت است. این دو مرجع برای ما موضوع را مشخص نساخته است. قرآن تنها گفته است که مردم زینت خود را محفوظ دارند. اینکه کدام قسمت بدن و یا عضو بدن زینت است ، اینکه هدف زیور است ، آشکار نیست . هر چه است دید و بینش دانشمندان است نه قرآن و سنت.

دانشمندان «بِخُمُرِهِن» را رو سری و چادر سر ترجمه کرده اند. اساساً اگر شما به آیه توجه کنید «الخُمَر» است یعنی «آنچه که پوشیده و پنهان شود». ‏‎"الخِمر‎‏" هم «پنهان و نهفته» معنی میدهد. اینجا موضوع سر پوشیدن قطعاً مطرح نیست. اینکه یک تضاد بین دانشمندان در مورد پوشش سر وجود دارد که یک عده می‌گویند قرآن نگفته سر پوشیده شود و یک عده می‌گویند قرآن گفته سر پوشیده شود در اصل لغت توجه نکرده اند که هدف قرآن ‏‎"خُمَرَ‎‏" است نه ‏‎"خِمِر‎‏". کلمهٔ بعدی «جُیُوبِهِن» است که اصل معنی آن یخن و یا یقه پیراهن است. چه را بپوشانید؟ سینه‌های تانرا. قبل از اسلام زنان نا بکار سینه برهنه ظاهر میشدند. من درین تحقیق مسأله غلام و کنیز را که در متون قدیم آمده شامل نه می‌سازم زیرا امروز مسألهٔ غلامی و کنیزی مورد بحث جهان امروزی نیست. بر میگردیم به تفسیر آیه که چنین است: "و زینت شانرا جز آنچه از آن آشکار است، آشکار نکنند و سینه‌های شانرا با یقه های پیراهن خود بپوشانند."جُیُوبِهِن" (جمع) نه تنها یقه پیراهن معنی میدهد ، جیب هم معنی میدهد مانند جیب

30

بالاپوش.

امروز ، یک نوع حجاب وجود ندارد و فقها در مورد پوشش سر، سنی و شیعه اختلاف نظر دارند. یک عده مانند حنفی های افغانستان اعتقاد دارند که اگر موی سر کمی نمایان باشد درست است. این بدین معنی است که موی زینت نیست. در ایران امروزی آن عده زنان که برای دولت کار نه می‌کنند اگر کمی موی شان دیده می‌شود ، کسی اعتراض نه می کند. در اول کارمندان دولتی بسیار سخت گرفته بودند. چرا حالا سخت نه می‌گیرند برای آنست که میدانند که از نگاه فقهی یک موضوع جنجال بر انگیز است . حجاب که به انواع گوناگون وجود دارد و انسان سر گیچک می‌شود که کدام یک آن درست است. نوع وهابی که حتی یک عده نقاب سیاه به روی می بندند که همه صورت را زینت میدانند. نوع ایرانی که زیاد تر سیاه است و صورت آشکار است و آنرا روسری و یا چادر نماز گویند. نوع مسلمان‌های هندی و پاکستانی که چادر های نازک است و چادر را بالای شانه های خود می‌اندازند و موی پوشیده نیست. نوع افغانی که اکثراً چادر های بزرگ است و موی آشکار است یعنی موی اگر دیده میشود درست است و ممانعت نیست. حتی یک عده زنان در افغانستان پَولی زینتی را سر موی می بندند و موی دیده میشود.

آیۀ فوق زنان را در داخل خانواده مورد بحث میگیرد و می‌گوید " مگر بر شوهر شان، یا پدر شان، یا پدران شوهرشان، یا پسرانشان ، یا پسران شوهر شان ، یا برادر شان، یا پسران برادر شان ، یا پسران خواهر شان یا زنان همکیش شان ". اگر در آیه خوب توجه کنید اشخاص محدود هستند که در داخل خانواده محرم هستند مانند پدر شوهر و یا پسران شوهر که اولاد زن نیست . اما اگر ما آیه را به شکل متنی در زندگی عملی کنیم و مردان خانواده را به همان چند نفر که در آیه تذکر رفته اختصاص دهیم بسیاری از مردان خانواده همه نامحرم اند مانند برادر شوهر، عمو ، برادر مادر و فهرست به درازا می کشد. در حالیکه عمو نزد همه در

داخل خانواده محرم است و اما در قرآن تذکر نه رفته است. اینجاست که
«آیه» که «علامه» معنی میدهد تفسیر می‌شود ترجمه نه می‌شود . قرآن
در موضوعات اشاره دارد و اما تفسیر آن با تفسیر و روش پیشوای اسلام
(ص)و بعداً ابن عباس(رض) دامنهٔ وسیع دارد. برای اینکه موضوع را
واضحتر بحث کرده باشیم یک مثال خانوادگی از داخل خانوادهٔ پیامبر می
آوریم. حضرت علی (رض) نظر به آیهٔ فوق که مردان خانواده را محدود
ساخته است محرم در خانواده نبوده است اما قسمیکه ما از تاریخ میدانیم،
او در خانهٔ پیامبر(ص) بزرگ شد و در آن خانه محرم بوده است. در اخیر
آیه دو موضوع تذکر رفته یکی اگر کسی غلامی داشته باشد که امروز
این موضوع قطعاً مطرح نیست و اما خادمان خانه محرم هستند در
صورتی که خسی باشند که این هم امروز نه میتواند عملی باشد. و بعد
می‌خوانیم که « و [بگو که] چنان پای نکوبند تا زینتی که پنهان داشته‌اند
، معلوم شود» درین جا اشاره به آن زنان است که در بند پای خود از روی
رسم آن وقت زنگ (خلخالی)می‌بستند که صدا داشت. مقصد از کفش‌های
پاشنه بلند نیست. یعنی اگر یک زن کفش‌هایش در وقت قدم زدن صدا دارد
کدام مشکل نیست در صورتی که ساق پایش در هر حالت پوشیده باشد.
اما زنگ پاهای شان نباید توجه کسی را جلب کند. من تا حال یک زن را
ندیده‌ام که در یک مجلس زنگ بسته کرده باشد. پس این موضوع هم مانند
غلامی و کنیزی در زندگی امروز جنبه عملی ندارد. اما موضوعی را که
آیه به ما در هر زمان می رساند این است که زنان زیوری نداشته باشند
چه در پا باشد و یا نباشد که جلب توجه کند ، حسادت را جلب کند ، بیانگر
اسراف باشد و یا یک دزد را تحریک به دزدی کند .

جهاد افغانستان در مقابل شوروی وقت پیامد های خود را داشت و امروز
اکثراً مردم از وهابی های سعودی تقلید میکنند و یگانه توجیه که دارند
این است که ما در افغانستان دین را نه می دانستیم!! از تقلید خود اعتراف
نه می کنند. شیعه های افغانستان هم قبل از انقلاب اسلامی ایران چنین
حجاب نداشتند. همچو حجاب های که امروز در بین مردم افغانستان دیده

میشود در فرهنگ اسلامی افغانستان وجود نداشت. زمانیکه صورت برهنگی را مرحوم سردار محمد داوود رواج داد و برقه و چادری را از میان برداشت (خواه مخواه تنها در کابل) زنان ا فغانستان در کابل چادر های حریر سفید (گاچ) می پوشیدند زیرا اکثر افغانان قدرت اقتصادی را نداشتند که ابریشم بپوشند؛ این رسم تقلید از اُم کلثوم دختر رسول الله (ص) بود که دیده شده است که چادر حریر سیراء پوشیده بود (17). حالا وقتی شما در یک مجلس داخل میشوید حجاب های رنگارنگ را مشاهده میکنید و این مطلب یک موضوع عمده را در تحقیق بر ملا میسازد که یک اصول شرعی اساسی در مورد حجاب در اسلام وجود ندارد چنانچه در نماز وجود دارد و همه تفاسیر علماء است که از آیه برداشتی دارند و به ذوق خود تفسیر کرده اند. اما چیزیکه را ما از قرآن تا اندازهٔ واضح میتوانیم در مورد ستر زن بدانیم ، این است که چون در آیهٔ59 سوره احزاب میخوانیم

يَا أَيُّهَا النَّبِيُّ قُل لِّأَزْوَاجِكَ وَبَنَاتِكَ وَنِسَاء الْمُؤْمِنِينَ يُدْنِينَ عَلَيْهِنَّ مِن جَلَابِيبِهِنَّ ۚ ذَٰلِكَ أَدْنَىٰ أَن يُعْرَفْنَ فَلَا يُؤْذَيْنَ ۗ وَكَانَ اللَّـهُ غَفُورًا رَّحِيمًا

تفسیر:ای پیامبر به همسرانت ودخترانت و زنان مسلمان بگو که بالاپوش های خود را در بر کنند که بدین وسیله محتملترست که شناخته شوند و رنجانده نشوند و خداوند آمرزگار مهربان است.

مفسرین درین آیه هم ، «جلبیبهن» را مانند «خُمُرهن» روسری تفسیر کرده اند در حالیکه ترجمهٔ دقیق این کلمه بالاپوش است که زنان وقتی که بیرون از خانه می‌روند باید یک بالاپوش بپوشند تا از آنانیکه به دین اسلام مشرف نشده‌اند تفکیک شوند و یا از آنانیکه اعتقاد ندارند جدا باشند و در عین زمان با ستر باشند تا مورد آزار و اذیت مردم بد کردار قرار نگیرند. بُرقه و چادری که سر وصورت را می پوشاند ، هم در افغانستان میراث امپراطوری عباسی ها است. زمانیکه زنان از خانه برای خرید خارج میشدند ، یک چادر را روی خود می انداختند تا شناخته نشوند و خرید

می‌کردند و زود بر می‌گشتند. نتیجه اینکه یک زن معتقد به اسلام باید بدنش پوشیده باشد تا گردن اما اینکه چگونه پوشیده باشد موضوع شخصی یک زن است و لباس در اسلام مانند چین مائوسیتونگ یونیفورم نیست که یک دولت اسلامی برای زنان تصمیم گیرد چگونه خود را با ستر داشته باشند. تا جائیکه یک زن با ستر لباس می پوشد مثلاً پتلون جین آبی و یک بلوز که آستین داشته باشد و سینه‌اش پوشیده باشد همان ستر است و تمام. امروز بلوز های بسیار قشنگ با رنگ‌های مرغوب است که هم یخن آن دکمه دارد و بسته می‌شود و هم آستین دراز است، پتلون ، دامن های دراز ؛ جمپر های مختلف همه حجاب است و این‌ها همه نقش حجاب را بازی میکند. سر پوشی یک عرف قبل از اسلام بوده و در بین ادیان دیگر هم رواج داشته و یک عرف معمول در منطقه بوده است. چنانچه ریش مردان در زمان رسول الله (ص) یک عرف زمان بوده و در اسلام سنت غیر مؤکد است. یعنی اگر کسی ریش نه می گزارد گنهگار محسوب نه میشود . همه زنان مسلمان و غیر مسلمان از روی عرف چادر داشتند چنانچه تصاویر آن زمان را ما مانند حضرت بی بی مریم می‌بینیم چادر بر سر دارد و آن بی بی زیاد تر از شش صد سال قبل از اسلام زیست کرده است .و این چیزی نیست که اسلام حکم کرده باشد و یا نو باشد. این راه انتخاب به دست خواهران است که آرزو دارند موی خود را بپوشانند و یا نه پوشانند ، در قرآن حکمی وجود ندارد. در احادیث صحیح بخاری و مسلم که دو مرجع معتبر برای اهل تسنن به شمار می‌رود پوشیدن سر زن به شکل واضح تذکر داده نشده است . درفقه تشیع هم اختلاف نظر وجود دارد و همه در مورد پوشش سر همسان فکر نه میکنند. (برای مطالعات فقه تشیع لطفاً به تحقیق دکتور حمید میرزا آغاسی که در سایت جناب شان گذاشته شده ،مراجعه کنید).

زینت نظر به آیۀ کریمه برای مرد و زن است که مردان مانند زنان از تجمل و اسراف منع کرده شده است و زینت زن هم نه تنها ایشان را از تجمل و اسراف مانند مردان منع کرده در عین زمان، زینت، بدن زن را

مشخص ساخته که تا گردن، عورت زن است . عورت مردان هم تنها شرمگاه شان نیست و ما یک حدیث درین مورد در دست نداریم که عورت مرد را مشخص کند . مردان هم نباید در حضور زنان نامحرم شنا کنند. درست است که بدن مرد مانند بدن زن همه عورت نیست. عورت مرد از زانو به بالا است و از تخت سینه به پایان. امروز مردان به شکل بسیار مضحک در بازار و غیر بازار «شورت» می‌پوشند که از حیای اسلامی به دور است. اما این هم درست نیست که مردان در مقابل زنان خود را برهنه کند. مردان هم حجاب دارند و بزرگترین حجاب مردان حیا است

از آنجائیکه حجاب پوشش معنی میدهد و لباس هم پوشش است و برای زن و مرد امر شده است و اما لباس تقوی نظر به آیۀ کریمۀ

يَا بَنِي آدَمَ قَدْ أَنزَلْنَا عَلَيْكُمْ لِبَاسًا يُوَارِي سَوْآتِكُمْ وَرِيشًا ۖ وَلِبَاسُ التَّقْوَىٰ ذَٰلِكَ خَيْرٌ ۚ ذَٰلِكَ مِنْ آيَاتِ اللَّهِ لَعَلَّهُمْ يَذَّكَّرُون برای خداوند عزیزتر است

تفسیر: ای فرزندان آدم ، به راستی که برای شما لباسی پدید آوردیم که هم عورت شما را می‌پوشاند و هم مایۀ تجمل است؛ ولی لباس تقوی بهتر است، این از آیات الهی است باشد که آنان پند گیرند. (سوره اعراف آیۀ 26). در آیۀ فوق به وضاحت می‌بینیم که خداوند نه تنها که مرد و زن را یکجا خطاب می‌کند ، از دو حجاب سخن می گوید: اول حجاب دل و دوم حجاب بدن. این آیه برای مرد و زن نازل شده است یعنی حجاب تنها برای زنان نیست. همچنان ایمانداری و تقوی است که نزد خداوند عزیزتراست. امروز داریم مردان و زنان که تقوی دل ندارند و اما حجاب می‌پوشند،غیبت می‌کنند ، حتی در تلویزیون‌ها حجاب بر سر، مردم را کافِر میگویند ، طعنه می‌زنند و با اینکه اسلام تواضع را تدریس می‌کند خود را از دیگران مؤمن تر جلوه میدهند. سخن چینی می‌کنند. همچنان داریم مردان که این‌ها ریش و جامۀ و کلاه دارند و اما اخلاق اسلامی

ندارند. آیه به ما می آموزاند که اول تقوی یعنی از هر گونه گناه خود را دور نگه داشتن است و بعد لباس است که در آیه می‌فرماید « مایهٔ تجمل است» پس دوم چیزی که ازین آیه می‌آموزیم که لباس اساساً آدمی را آدمی نه میسازد بلکه تقوی ، تواضع ، آداب، زبان خود را نگهداشتن ، احترام به عقاید دیگران کردن ، به بزرگان و استادان حرمت گذاشتن ، به کودکان مَحبت کردن ، توهین نکردن ، مردم را به کفر نگرفتن ، تهمت نه بستن ، غیبت نکردن ،اسراف نکردن ، و عده خلافی نکردن ، امانت مردم را به وقت سپردن ؛ دورغ نگفتن ، از مریضی های اجتماعی مانند شخصیت پرستی ، قوم پرستی ، پول پرستی ، خارجی پرستی ، ملیت پرستی دوری جستن است که ما را یک انسان واقعی میسازد نه لباس. و جامهٔ که به تفاخر پوشیده شود و تجمل شود و یا زنان مانند دوران جاهلیت در مجالس با لباس‌های برهنه داخل شوند که این آشکارا عدم فهم شانرا از قرآن و اعتقاد ضعیف شانرا به اسلام نشان میدهد در حالیکه خود را مسلمان می گویند. از نگاه مدنی زن و مرد در اسلام حقوق مساوی دارند. قسمیکه درین تحقیق کوتاه دیدیم حجاب و زینت برای مرد و زن است. تقوی آن است که زن و مرد مسلمان از هر گونه گناه که یکی آن بی سیرتی است خود داری کند و منحیث یک زن و مرد متمدن در جامعه عرض اندام کند نه یک گُدیگگِ مردم بی ایمان و یا موجود جاهلی و یا مقلد افکار تند گرای آنانیکه درین سی سال به نام دین به کشور ما خیانت کردند. با این شعر سعدی علیه الرحمه این نوشته را در مورد حجاب به پایان می‌رسانم

تن آدمی شریف است بجان آدمیت

نه همین لباس زیباست نشان آدمیت

اگر آدمی بچشمست و دهان و گوش و بینی

چه میان نقش دیوار و میان آدمیت

خور و خواب و خشم و شهوت شغبست و جهل و ظلمت

حیوان خبر ندارد ز جهانِ آدمیت

به حقیقت آدمی باش و گرنه مرغ باشد

که همین سخن گوید بزبان آدمیت

مگر آدمی نبودی که اسیر دیو ماندی

که فرشته ره ندارد بمکان آدمیت

اگر این درنده خوئی ز طبیعتت بمیرد

همه عمر زنده باشی بروان آدمیت

رسد آدمی به جائی که بجز خدا نبیند

بنگر که تا چه حدست مکان آدمیت

طیران مرغ دیدی تو ز پایبند شهوت

بدر آی تا به بینی طیران آدمیت

نه بیان فضل کردم که نصیحت تو گفتم

هم از آدمی شنیدم بیان آدمیت

سؤال میراث

وقتی ما به تاریخ تمدن نظر می افگنیم و به تاریخ اسلام میرسیم یک موضوع ثابت میشود و آن اینکه که زیر بنای تمدن اسلامی عبارت اند از علم ، عبادت و عدالت است. این سه پدیده را من سه (ع) میگویم و در تمدن‌های دیگر این سه پدیدهٔ به نظر نه میخورد. این بدین معنی است که ما در هر زمان موضوعات بشری را باید با دید علم ، بینش خدا پرستی و توحید و عدالت مطرح کنیم تا به عدالت اجتماعی ، سیاسی ، اقتصادی و خانوادگی برسیم. در فورمول سه «ع» عبادت را در بین علم و عدالت قرار دادیم زیرا عبادت تجلی علم و عدالت است. اگر ما واقعاً ،منحیث یک مسلمان خداوند را (استغفرالله) از زندگی خود بیرون کنیم نه تنها موفقیت‌های علمی ما به بیراهه کشانده میشود ، هرگز به عدالت اجتماعی نه میرسیم زیرا نه تنها که منافع شخصی ما که یک امر طبیعی است بروز میکند و باعث تضاد ها ، به میان آمدن طبقات ، افراط و تفریط ، نزاع خانوادگی ، عقده‌ها و کینه ها و دیگر بدبختی‌های روزگار میگردیم ، در عین زمان ما قصداً و عمداً از منبع علم که قرآن است خود را محروم میسازیم

برای رسیدن به هدف ما مجبوریم چند مطلت عمده را تحلیل و تجزیه کنیم .

اول عدالت اجتماعی : عدالت اجتماعی مرکب از دو کلمه است: عدالت و اجتماع. عدالت در لغت به معنی توازن در امور است. خلقت و همه نظام هستی به توازن خلق شده است چنانچه قرآن میگوید '' و آسمان را برافراشت و معیار و میزان مقرر داشت'' (سوره رحمن آیه 7). اجتماع انسانی از کتله های انسانی ساخته شده است و در حالت تغییر است. اجتماع امروز مانند 1400 سال قبل از امروز نیست. یکی از مشخصات عمدهٔ جوامع بشری پیشرفت و تغییر است. و این به خاطر است که خداوند در هر لمحه به خلقت خود می افزاید و میگوید «زیاده میکند در آفرینش آنچه میخواهد» (سوره فاطر آیه اول). تداوم در خلقت از نگاه

انتروپولوژی تأثیر مستقیم بالای زندگانی انسانی دارد و ازین لحاظ است که انسان در تکامل است وهمیشه به پیش میرود. به عبارت دیگر چون خلقت به پیش می‌رود و ایستادگی ندارد و انسان جزء همین خلقت است ، پس انسان هم به پیش می‌رود زیرا قانون خداوند و قانون طبیعت یکی است. نتیجه اینکه چون انسان در تکامل است پس اجتماع در تغییر و تکامل است و اجتماع صد سال بعد از امروز بسیار تفاوت خواهد داشت چنانچه اجتماع صد سال قبل از ما تفاوت داشت. نتیجه دوم اینکه چون اجتماع در تغییر است پس عدالت با در نظر داشت سیر تکاملی انسان ،موازیاً در تغییر می‌باشد تا به استناد معنی گلی عدالت ، توازن جامعه بر قرار گردد. عدالت صد سال قبل نه می‌تواند عدالت امروز باشد زیرا ساخت و بافت اجتماعی زمان در تحول ، تغییر و پیشرفت است و قوانین اجتماعی و قضائی اگر تغییر نه می‌کنند نه تنها باعث رکود جامعه میگردد بلکه خلاف اصول تکامل انسانی و تکامل خلقت است قسمیکه در آیه سوره فاطر مشاهده کردیم. طور مثال صد سال قبل «مطبوعات اجتماعی» وجود نداشت و بد رفتاری ها و حتی جنایات که مردم ازین طریق میکنند ایجاب بررسی و قضاوت جدید را در سطح اجتماعی و سیاسی میکند. «فیسبوک» و «انترنت» نه در حدیث است و نه در قرآن و اگر ما بگویم که فلان عا لم درین موضوع از دید شرع اسلام تحقیق میکند که چگونه جزا تعین شود ، ما خود را مسخره می کنیم

دوم اقتصاد: یکی از اساسات عمدهٔ جوامع بشری اقتصاد است و اقتصاد هم در اثر پیشرفت جامعه در تغییر است چون انسان در تغییر است. اقتصاد پنجاه سال قبل تا امروز تفاوت دارد. انگاشت های قرآنی مانند میراث ، نفقه ، سود ، اسراف ، زکاة و مَهر زن نه تنها انگاشت های اقتصادی است و در حال تغییر است و از نگاه اقتصادی به یک حال باقی نه می‌ماند بلکه انگاشت های نسبی است زیرا در حالات مختلف و رویداد های اجتماعی و سیاسی مختلف تغییر پذیر است و به حال خود باقی نه می ماند. این تغییرات وقتی رخ میدهد که خانواده ، جامعه و یا یک ملت

مسلمان باشد و یا غیر مسلمان نظر به تغییرات اقتصادی،سیاسی و اجتماعی دچار چالش های گوناگون می‌شود و خانواده ، جامعه و یا ملت مجبور می‌شود تا بعضی تعدیلات و تغییرات را برای بقای زندگانی روی دست گیرد. امروز مردم در ادارات کار میکنند و صد ها هزار دالر عاید دارند و این ادارات امروزی مانند بانک ها و بیمه و مؤسسات خدماتی در گذشته ها وجود نداشت. حال یک کارمند صد هزار دالرحقوق دارد و اما هیچ طلا و نقره و جواهرات ندارد ، زکاة ندهد برای اینکه طلا و نقره ندارد؟ طور مثال در اسلام اساساً مرد نفقه آورنده است. اما امکان دارد که مرد در اثر اصول عرضه و تقاضای بازار اقتصادی کار خود را از دست بدهد و نتواند نفقه بیاورد. در اثر این تحول مترقبه اقتصاد خانواده بر هم میخورد. زن دو راه حل دارد که ما درین جا موازیاً پیشکش می کنیم. یا باید کار کند زیرا قرآن می‌گوید زن لباس مرد است و مرد لباس زن. این آیهٔ مبارک هم در خانواده تطبیق می‌شود و هم در اجتماع زیرا کلمهٔ زن و شوهر را قرآن تذکر نداده است. «لباس» درین جا چنین تفسیر می‌شود که چگونه مرد و زن همدیگر را حمایه و پشتیبانی میکنند. قرآن در سوره آل عمران آیه 195 می‌گوید « آنگاه که پروردگار شان دعای آنان را اجابت کرد که من عمل هیچ صاحب عملی را از شما چه مرد باشد ، چه زن باشد که همه همانند یکدیگرند ضایع و بی پاداش نمی گذارم». درین آیهٔ مبارک دو مطلب نهایت مهم نهفته است اول اینکه «عمل» یعنی (کار) مرد و زن را خداوند یک برابر پاداش میدهد و دوم اینکه زن و مرد از همدیگرند یعنی در بخش کار و زحمت کشی بین شان تفاوت نیست . درین جاست که زن مردانه وار مسئولیت اقتصادی را به دوش میگیرد و خانواده را که واحد کوچک جامعهٔ اسلامی است با حمایه و پشتوانهٔ شوهر یکجا به پیش میبرد. مثال دیگر و یا شوهر در اثر بحران سیاسی یک کشور راه زندان میشود. این واقعهٔ سوسیو-اکونومیک را ما در زمان کمونیستم در افغانستان شاهد هستیم که زنان با شهامت افغان که من به وجود هریک شان افتخار میکنم ، در حالیکه شوهرش و برادرش و پدرش همه راه زندان پلچرخی شدند   و یا جام

شهادت نوشیدند، آن‌ها کار کردند و خانواده را حمایه کردند و برای شوهر و برادر و پدر در زندان نفقه آورنده شدند. و یا راه حل دیگر برای زن همین است که چون مرد قادر نیست نفقه بیاورد پس زن باید طلاق گیرد. خوب حال از خود سؤال کنیم که در صورتی که نظر به مشکلات اقتصادی و سیاسی مرد قادر نیست نفقه تهیه کند آیا زن بهتر است کار کند و خانواده را نجات دهد ویا طلاق گیرد؟ مثال دیگر اینکه مرد در وقت نکاح تعهد یک مبلغ را عهده دارد می‌شود و در وقت نکاح سرمایهٔ خوب دارد. اما روزگار بازی‌های خود را دارد و این مرد ورشکست می‌شود و یک پول برایش باقی نه می‌ماند. در اثر ناخوشایندی های خانوادگی زن را طلاق می‌گوید و اما پول مَهر را ندارد که تأدیه کند. راه حل این خواهد بود که یا زن حق مهر را ببخشد و یا مرد قرض کند. زن نظر به مشکلات خانوادگی مطالبهٔ طلاق را می‌کند و اما چون مرد هیچگونه تقصیری ندارد و فقط کار خود را از دست داده است در اثر مطالبهٔ طلاق امتیاز مَهر را از دست میدهد. با اینکه در نکاح درج شده باشد و اما اگر مرد طلاق میدهد دو راه دارد ، یکی اینکه قبل از نکاح رسماً اعلام ورشکستگی کند و یا قرض کند و مَهر زن را بپردازد چون کار ندارد. این‌ها همه تغییرات است که در محور اقتصادی رخ دادنی است و پیش‌بینی هم شده نه میتواند زیرا انگاشت های اقتصادی همه نسبی است ؛ محرک است ، تغییر پذیر است و حتی میتواند بی‌ماهیت شود. طور مثال یک زن برای اینکه مرد ثروتمند است با او ازدواج میکند و اما در اثر یک بحران اقتصادی در کشور مرد همه سرمایه خود را از دست میدهد. چون پیشوای اسلام (ص) مرد علم و معرفت بود و همه پیشامد هایش از جانب ذات اقدس الهی الهام میشد ازینرو مَهر بسیار کم را برای نکاح پیشنهاد کرده است تا هم جوانان به ازدواج ترغیب شوند و همچنان مرد و زن در مضیقه های اقتصادی در اثر طلاق دچار نشوند . می‌بینید که این انگاشت های اقتصادی به یک حالت نه می تواند باقی ماند.

سوم تعریف اساسی شریعت : حالا آهسته آهسته به اصل موضوع می

رسیم. در ورای تحقیقات و مطالعات دانسته شدیم که یک عده کثیر مردم دچار یک غلط فهمی بسیار بزرگ هستند و آن این است که فکر میکنند قرآن مجید شریعت است . حتی این سخن را از یکی دو اشخاص که در راه دین تحصیل کرده‌اند شنیده ام. قرآن پاک یک قانون اساسی مکمل برای بشریت است و اما شریعت نیست بلکه منبع و مأخذ شریعت است(18) . شریعت از قرآن کریم و آن عده احادیث ثقۀ پیشوای اسلام توسط دانشمندان فقه نظر به احتیاجات زمان شان و طرز تفکر شان ، دید و بینش شان و حتی و آب و هوای که زندگی کرده‌اند ساخته شده است و تدوین میگردد. پروفیسور عبدالالهی احمد- ان نعیم استاد حقوق و شریعت اسلامی در دانشگاه امورای ، در کتاب «اسلام و دولت سیکولر» از عبد الرازق ال صنحوری (متوفی 1971) نقل قول میکند که شریعت به طور گُلی نه می‌تواند بدون توافق و در نظر داشت احتیاجات جوامع اسلامی جدید امروزی عملی شود .

شریعت یک انگاشت سوسیو-پولیتیک است که از طریق تاویل و تفسیر قرآن توسط انسان به وجود آمده است و چون انسان در تکامل است ازین لحاظ شریعت نظر به زمان که زیست می‌کنیم خود به خود به مرور زمان تغییرمیخورد (نعیم2008م)م

مشکل دیگر مردم اُمی این است که فکر میکنند یک آیه بدون تفسیر قابل تطبیق است و در جر و بحث فوراً آیه را نقل قول میکنند بدون اینکه تفسیر آیه را مد نظر گیرند. همه آیات تفسیر می‌شود و اولین مفسر قرآن شخص پیشوای اسلام (ص) بود و نفر دوم ابن عباس (رض) و نفر سوم حضرت علی (رض) و بعداً علمای کرام هم قرآن را تفسیر کرده‌اند. یکی دو مثال کار ما را آسان میسازد و آنانیکه به عجله یک آیه را از قرآن نقل قول میکنند، امید وارم ازین به بعد عمیق‌تر فکر کنند. قرآن می گوید «الهی علم من را افزایش ده» تفسیر آیه از زبان پیشوای گرانقدر اسلام چنین است : « آموختن علم برای مرد و زن مسلمان فرض است» و یا « در

جستجوی علم باش حتی در چین». قرآن می‌گوید « انسان را از نفس واحد خلق کردیم» و « زن لباس مرد است و مرد لباس زن است» تفسیر آن از زبان پیشوای اسلام (ص) این است:"زنان همسان و هم ردیف مردانند» (مرجع ابوداود ، والترمذی) چون قرآن یک کتاب و رهنمای است که برای همه اعصار نازل شده است ازینرو محقق باید نظر به قول دانشمند مصری ، الصنحوری شرایط زمان و مکان را در تفسیر کلام الله مجید مطالعه کند. از همین لحاظ است که ابن عباس (رض) دومین مفسر قرآن بعد از پیشوای اسلام فرموده است که « القرآن ، یُفسر الزمان» یعنی قرآن نظر به ایجابات زمان تفسیر میشود. از روی همین گفتار ابن عباس بود که علمای اسلام گفته‌اند که « اختلف الااحکام بالاختلاف زمان» یعنی احکام نظر به تفاوت زمان که زندگی می‌کنیم تغییر پیدا میکند و مهمتر اینکه نعیم می‌نویسد که زیبائی اسلام درین است که هر کس حق دارد از قرآن بیاموزد و قرآن را با دید خود تفسیر کند زیرا در اسلام سلسله مراتب دینی مانند عیسویت وجود ندارد که تنها یک گروه مذهبی صلاحیت داشته باشند و دیگران آن‌ها را قبول کنند. در اسلام دیکتاتوری دینی مانند قرون وسطی عیسویت وجود ندارد. چون مردم آزاد خلق شده‌اند دولت حق سلب آزادی فکری مردم را ندارد. پیشوای اسلام فرموده است که « اختلاف نظر رحمت امت من است». آنانیکه به یک برادر و خواهر خطاب میکنند که او حق ندارد ابراز نظر کند خلاف شریعت اسلام رویه می کنند. آن مسایل که از قرآن اشتقاق می‌یابد و به نام شریعت پیشکش می‌شود مربوط می‌شود به اجماع آرا یعنی تا مردم به آن رأی ندهند آن شریعت شده نه می‌تواند یک دلیل که امروز یک دیکتاتوری دینی در ایران به شکل شیعه آن و در عربستان به شکل سنی وهابی آن جریان دارد و یک گروه دینی اعمال و گفتار و عقل مردم را اداره میکنند ؛ این‌ها دیکتاتوری دینی را که خلاف قرآن و روش پیشوای اسلام است به وجود آورده‌اند گفته میتوانیم که این روش شان مغایر انسانیت و قانون خلقت است

انگاشت های اقتصادی قرآن مانند میراث از آیه‌های مصلحی است و نظر

به شرایط زمان ، تفسیر آن تغییر می کند

طور مثال سود دادن و سود گرفتن حرام است. هر نوع آن که باشد و هر توجیه اقتصادی که کنیم حرام است اما در وقت ضرورت جائز است زیرا در اسلام دو چیز برای کسی که اسلام را از قلب قبول میکند وجود ندارد. یکی محرومیت و دوم ضرر. اسلام هیچگاه نه میخواهد تا مسلمانان در محرومیت قرار گیرند و یا در ضرر باشند. تفسیر آیۀ سود در یک کشور غیر اسلامی تفاوت میکند زیرا اختلاف زمان مطرح است. از نگاه جغرافیائی مسلمانان دنیا را به دو بخش تقسیم کرده اند. دارالحرب یعنی قلمرو که قانون اسلام نافذ نیست و دارلااسلام آن قلمرو که قانون اسلام نافذ است. چون ما در دارالحرب (آمریکا ، اروپا ، کانادا و آسترالیا) زندگی میکنیم و درین کشور ها برای اینکه از حق ملکیت محروم نشویم و هم در ضرر نباشیم حق داریم که با سود بانکی خانه خریداری کنیم و چون درین کشور ها بانک ها به اساس مضاربه یعنی مشتری در نفع و ضرر بانک شریک نیست ، ما به اساس یک قرار داد که از طرف مؤسسات مالی این کشور ها وضع شده میتوانیم با در نظرداشت عاید بر مصرف خود ، قرضه بگیریم و کوشش کنیم تا هر چه زود تر قرض را ختم کنیم. سود به هر نوع که باشد در یونان قدیم توسط افلاطون (متوفی 347 قبل از میلاد) بعداً توسط حضرت عیسی (ع) و بالاخره در قرآن 1400 سال قبل منع شده است(20)، زیرا یک نظام استثماری را به وجود میآورد و برای قرض گیرنده میتواند کمر شکن باشد . یکی از بدبختیهای کشور های رو به انکشاف که هرگز انکشاف نه می کند قرض بانکی است که توسط سرمایه داران حمایه میشود و کشور ها را در فقر نگه داشته است. اسلام سه پدیدۀ سرمایه داری را که عبارت از سود یعنی استثمار فرد از فرد، اسرا ف که نظام مصرف را به بار آورده است و انسان را برده مادی پرستی کرده است و کارگر ارزان را که موجب ظلم افراد شده است ،حرام و غیر انسانی میداند چنانچه کارگران برای شرکت های غربی در کشور های رو به انکشاف با مزد فوق‌العاده پائین کار میکنند.

در یک کشور اسلامی مانند افغانستان بانک ها باید به اساس اقتصاد اسلامی باشد تا مردم در نفع و ضرر بانک شریک باشند ، سود ندهند و دولت هم اصول اسلام را رعایت کند تا مردم بی بضاعت رسیدگی صورت گیرد

عدالت اجتماعی در سطح جهانی امروز رنگ و عطر دیگر دارد. به میان آمدن سازمان های حقوق بشر ، ملل متحد ، عفوه بین‌المللی ، مبارزات مردم جهان برای حقوق مساوی به شمول کشور های اسلامی که به نام «بهار عرب» مسمی شد ، به میان آمدن سازمان های زنان در سطح جهانی به شمول زنان مسلمان ، مظاهرات گروه 99 در صد در مقابل یک در صد ، بیانگر این حقیقت است که قرن بیست و یکم مبارزات خود را بر خاطر اعتلای حقوق مساوی آغاز کرده است. همه مبارزات برای حقوق مساوی و از بین بردن هر گونه تبعیض اقتصادی است. اگر قرن بیستم مبارزات بر علیه استعمار کشور ها بود، قرن بیست و یکم مبارزه به خاطر عدالت اجتماعی ، حقوق مساوی و مخصوصاً در بخش اقتصادی میباشد. کشور های مسلمان که از شروع 2011 شاهد آن بودیم درین مبارزات شامل است. برای ما مسلمانان با اینکه اسلام دید بسیار وسیع در تفسیر دارد زندگی را روز به روز سخت تر ساخته می‌روند در حالیکه اسلام دین زور و فشار و دیکتاتوری و بی‌عدالتی نیست . در جامعهٔ امروز مسأله شهروندی مطرح است. از یک سو مردم داد از دموکراسی میزنند و از سوی دیگر حقوق زن و مرد در نظام اقتصادی یک برابر نیست. این موضوع در جامعهٔ حال حاضر ظلم تلقی میشود. میراث قسمیکه در با لا تذکر داده شد یک انگاشت اقتصادی و نسبی است. بعضی مردم میراث دارند که به اولاد خود به میراث بگذارند و بعضی ندارند. بعضی ها در زندگی بسیار ثروتمند هستند و حتی میراث خود را وصیت کرده‌اند و اما نزدیک مرگ دیده شده که هیچ چیزی ندارند . همان وصیت هم باطل شده است. به هر حال وقتی که قرآ ن می‌گوید « سهم مرد دو برابر سهم زن است» (آیهٔ یازدهم سوره نساء) ؛ دو سه موضوع

باید یاد آوری شود. اول قسمیکه در بالا تذکر یافت ، تفسیر آیات به توافق زمان تغییر می کند. ما قرآن را و آیه را تغییر نه میدهیم تنها تفسیر آن را به توافق زمان تفسیر می کنیم. قرآن برای اولین بار در تاریخ بشر حقوق زن را از نگاه میراث و تعلیم و تربیه و حق ازدواج به رسمیت شناخت و یک اصول انسانی و مدنی را معرفی کرد . امروز تنها مسأله میراث نیست ؛ زنان مسلمان از بی‌سواد ترین قشر جامعه به شمار میرود. دختر حق ازدواج را ندارد. حتی حق طلاق را که حق شرعی زن است از او گرفته‌اند چه خاصه به میراث. دلیل که 1400 سال قبل خداوند یک حدود را در میراث معرفی میکند نظام مرد سالاری بود. دختر زنده به گور میشد. زنان کنیز گرفته می شدند. زنان قدرت و توان اقتصادی را در سطح عمومی نداشتند و هنوز هم یک عده زیاد ندارند. اما امروز زن خود نفقه آورنده است. زن هیچ کمی و کاستی از یک مرد ندارد. در زندگی امروز حقوق زن و مرد از نگاه مدنی یکسان است. زنان در شقوق مختلف کار میکنند و حتی اگر آرزوی ازدواج را نداشته باشند میتوانند بدون شوهر زندگی کنند زیرا در اسلام نکاح سنت است ، فرض نیست. اگر کسی مرد باشد و یا زن باشد نکاح میکند شامل ثواب زیاد تر می‌شود و اما اگر در نظام های اجتماعی امروز ترجیح میدهد تا مجرد باشد گنهه کار نه می باشد. اگر دلیل آیه یازدهم نفقه باشد ما داریم با شهامت که به نفقه احتیاج ندارند.. من به صراحت می‌نویسم که ما چطور میتوانیم ادعای دموکراسی و عدالت کنیم در حالیکه حقوق شهروندان کشور یکسان نباشد؟ اینکه دموکراسی نشد. در دموکراسی اسلامی حقوق همه شهروندان چه ازنگاه قضائی و چه اقتصادی و چه سیاسی و خانوادگی یکی است. مشکل درین است که دانشمندان اسلامی تفاوت میان ماهیت حکم و تطبیق حکم را نکرده اند. می‌گویند که احکام صریح قرآن مانند حکم میراث تغییر نمیخورد. گُل سخن درین جاست که ماهیت حکم نظر به شرایط زمان در تغییر است و اما تطبیق آن تغییر نه میخورد. حکم تطبیق میراث به جاست که باید میراث عادلانه توزیع شود و اما ماهیت میراث نظر به شرایط اقتصادی در تغییر است . شاید امروز این سخنان من را مخصوصاً آنانیکه

به حقوق مادر و خواهر خود احترام ندارند به تمسخر گیرند و یا مردان منفعت جو و آنانیکه زن ستیز هستند و اما شاید بعد از ینکه من این جهان فانی را وداع گفتم این جملات اهمیت پیدا کند. برای خانواده های عزیز که به عدالت اجتماعی اعتقاد دارند توصیه میکنم که قبل ازینکه چشم شما بسته شود، دختر و پسر تانرا برابرو مساوی از حق میراث بهره مند سازید. عدالت اجتماعی در قرن بیست و یکم یعنی حقوق مساوی بین افراد جامعه. عدالت اجتماعی در قرن بیست و یکم یعنی هیچ مردی بر زنی و هیچ زنی بر مردی بر تری ندارد مگر تقوی و دانش. در عین زمان اگردولت و پارلمان یک کشور مسلمان مانند افغانستان قاطعانه تصمیم میگرید که زنان نصف مردان میراث گیرند ، پس یک نفر عضو مرد اجتماع باید بیکار نباشد و زن مجبور نشود تا کار کند. در ین حالت مسئولیت دولت است که شرایط کار را برای همه مهیا سازد تا مردان نفقه خود را تهیه کنند و زنان ، آنانیکه آرزو ندارند و اما مجبور شده‌اند کار کنند ، کار نکنند و سرپرستی اولاد را با دل بیغم به عهده گیرند. یعنی وقتی ما میتوانیم که انگاشت های اقتصادی قرآن را از روی تفسیر لفظی قرآن قدم به قدم تطبیق کنیم و آنرا در جامعۀ مسلمان عملی کنیم که همه نظام اسلامی باشد در صورتی که چنین نیست. دولت قادر نیست برای مردان کار فراهم کند. زن مجبور میشود به خاطر همکاری با همسراش کار کند و در تهیۀ نفقه شریک میشود و اما وقتی میراث تقسیم میشود به اوحق نه میدهند. آیا این ظلم نیست؟ همچنان دولت اسلامی باید حقوق وعاید را چنان تنظیم کند تا کارمند و یا کار گرآسوده خاطر کار کند و زندگی را آبرومندانه به پیش برد. به هر حال قسمیکه قبلاً تذکر دادیم آیات کلام الله مجید تفسیر میشود و اولین مفسر رسول اکرم (ص) است. در مورد حقوق زنان و مردان پیشوای اسلام (ص) چنین ارشاد فرموده اند، " ساووا بین اولادکم فی العطیة ، فلو کنت مفضلاً احداً لفضلت النساء" یعنی با عدالت باشید در تقسیمات بین فرزندان تان، و اگر کسی را (در تقسیمات و حقوق) ترجیح می دادم پس طبقۀ اناث را ترجیح میدادم (که حق بیشتر داشته باشند). (20) «زنان همسان و هم ردیف مردان هستند».

برای عدالت بین فرزندان به این احادیث توجه کنید: «اتقوالله و اعدلوا بین اولادکم کما تحبون آن یبروکم». یعنی از خدا بترسید و میان فرزندان خود به عدالت رفتار کنید همانطور که میخواهید با شما نیکی کنند. ان الله تعالی یُحبُ ان تعدلوا بین اولادکم حتی فی القبل» یعنی خداوند دوست دارد که میان فرزندان خود حتی در بوسیدن آنها بعدالت رفتار کنید.. "اعدلوا بین اولادکم بالنحل کما تحبون ان یعدلوا بینکم فی البر و اللطف" یعنی که شما که میخواهید فرزندانتان در نیکی و مَحبت با شما بعدالت رفتار کنند در کار بخشش با آنها بعدالت رفتار کنید. مأخذ سه حدیث اخیر نهج الفصاحه میباشد .

قانون منع خشونت علیه زنان

با کمال تأسف خبر شدیم که قانون منع خشونت علیه زنان از شورای نمایندگان افغانستان به خاطر اینکه مخالف شریعت اسلام است!!! ، رأی نگرفت.درین جا اول باید بگوئیم که نمایندگان نادانی خود را از شریعت اسلام بر ملا کردند و باعث شرم ملت شدند. قسمیکه در بالا گفتیم زن و مرد در اسلام از نگاه مدنی حقوق مساوی دارند و اینجا تکرار احسن را لازم می‌بینیم تا موضوع در خاطره ها باقی ماند..اول اینکه خداوند به زن و مرد کرامت داده است و این کرامت درتقوی و بعد دانش است و گفته است "ولقد کرمنا بنی آدم". همچنان است در سوره نساء آیه اول که خداوند می‌گوید "من انسان را از نفس واحد خلق کرده ام". یعنی در خلقت انسان هیچگونه تبعیض و دو روئی و دو رنگی نیست. در حرم خانواده در سوره بقره آیه 187 میخوانیم که زن لباس مرد است و مرد لباس زن است. نه گفته است که تنها مردان لباس زنان هستند. دربخش اجتماع در سوره آل عمران آیه 195 می‌خوانیم که « من عملِ هیچ صاحب عملی را ، از مرد یا زن ، که همه از یکدیگرند، تباه نه می کنم. " درین آیه می‌بینیم که نه تنها کار زنان در اجتماع مجاز است خداوند در مقابل کار شان برای مرد و زن مساویانه اجر میدهد. پیشوای اسلام (ص)فرموده است که آموختن علم برای مرد و زن فرض است. به وضاحت دیده می‌شود

48

که اسلام زن و مرد را در خلقت، زن و مرد را در خانواده ، و زن و مرد را در اجتماع به یک دید می نگرد و اما مشکل در کجاست؟

در کشور های اسلامی بعد از خلفای راشدین سه مشکل عمده به وجود آمد که تا امروز مسلمانان از آن رنج می‌برند و باعث تبعیض علیه زنان شده است. یکی اینکه کشور های اسلامی به شمول افغانستان مراتب قومی را حفظ کردند و به این قوم گرائی مانند نُقل کم بار یک قشر شیرین به نام اسلام زدند. زیر کار همه قومی و قوم گرائی است و بالای آن یک پوشش نازک به نام اسلام دارد نه تمدن اسلامی. طور مثال چون زن در نظام قوم گرائی تا که زنده است است، ناموس مرد است ، وقتی که شوهر زن میمیرد ، زن را بدون رضایت او به برادر متوفی عقد میکنند و زن در نظام قوم گرائی حق درخواست طلاق را ندارد. در حالیکه در اسلام ناموس است در چارچوب اخلاق اسلامی و اگر زن در زندگی خوش نیست حق دارد درخواست طلاق کند و در طلاق دلیل و شرط لازم نیست . طلاق در اسلام فرض است و نکاح سنت. مرد طلاق میدهد و زن حق دارد طلاق درخواست کند که خُلع نامیده میشود. حدیثِ در دست داریم که هیچکس حق ندارد دختر باکره ، و یا زن بیوه را بدون اجازه اش در عقد کسی دیگر شامل سازد. امروز آن رُویه و پوشش نُقل کم باردر اثر جنبش های مردمی در سر تا سر جهان کم کم آب شده میرود و اصل که همان قوم گرائی، تعصب و تنگ نظری است نمایان شده است. دوم هرگز کوشش به عمل نیامده است که تفسیر بررسی شود و شرایط زمان و مکان مد نظر گرفته شود و سوم مسأله قانون‌مندی و قانون گرائی جامعه است که کشور های اسلامی به شکل مدنی آن، از آن بی بهره است

یک دلیل که مسلمانان شدید عقب‌مانده شده‌اند برای این است که دانشمندان اسلامی آرزو ندارند مقتضیات عصر را در نظر گیرند و با قافله تمدن جهانی بدون از دست دادن ارزش‌های فرهنگی خود مطالب را طوری تحلیل و تفسیر کنند تا جوابگوی نیازمندی های مسلمانان در عصر حاضر

باشد.و واقعاً ما خود به دست خود برای دشمنان اسلام راه را برای انتقاد باز می کنیم. قرآن مجید کتابِ است که برای همه اعصار نازل شده است نه برای یک دوره خاص. شکوه و عظمت آن چنین است که در هر دوره و زمان خود را تفسیر می‌کند چنانچه بار بار گفته‌ایم ،حضرت ابن عباس (رض) می‌گوید « القرآن، یُفَسِرُ الزمان». یعنی قرآن نظر به زمان تفسیر می شود. قسمیکه در بالا تذکر دادیم آیات میراث که چون نظام اقتصادی تغییر کرده، زنان در کنار شوهران کار می‌کنند پس نفقه آورنده می‌شوند پس حقوق شان در میراث مساوی می‌شود و آیات میراث از آیات مصلحی است نه تعبدی. از جانب دیگر جوامع اسلامی به اساس نظام توحید نیست. نظام توحید از نگاه اجتماعی آنست که همه نظام بر اساس اساسات اسلام باشد نه غیر آن. امروز همه اساس زندگانی مسلمانان خلاف توحید است و اما وقتی که سخن از میراث می‌شود از قرآن کار گرفته می‌شود که این به جزء از زن ستیزی چیز دیگری نیست. و قسمیکه گفته آمد مسلمانان هرگز نه می‌خواهند تغییر کنند و یا یک تحول بنیادی را به وجود بیاورند. مسلمانان می‌توانند تا قرآن پاک را برای عصر خویش تفسیر کنند. این مطلب را این حقیر در سال 1998 مسیحی در یک کنفرانس افغانی بیان داشتم و وهابی ها من را که مسلمان ام و نماز خوان ام به کفر گرفتنند و اما امروز همه به همین نتیجه رسیده‌اند که در دهکده جهانی زیست کردن ایجاب می‌کند تا ما بدون اینکه از اساسات دین خود، که توحید است دور شویم ، استفاده کنیم و مطالب را چنان پیشکش کنیم تا نه سیخ بسوزد و نه کباب. بعد از قوم گرائی مشکل در تفسیر قرآن پاک است. از نگاه زبانشناسی قرآن مجید به عربی نازل شده است یعنی کلام الله به زبان عرب است اما موضوع که امروز از نگاه علم زبانشناسی قابل غور و دقت است ، این است که با اینکه پیغام خداوند به زبان عربی است و اما انسان قادر نیست که زبان خداوند (قرآن) را از زبان عربی انسانی خودش ترجمه کند . زیرا انسان این قدرت را ندارد که زبان خداوند را ترجمه کند. همانطوریکه قرآن می گوید که انسان قادر نیست یک سوره مانند قرآن از خود بسازد و یا بنویسد ، همچنان قادر نیست که سورۀ که نازل

شده ، آنرا از زبان خود ترجمه کند. به عبارت دیگر وقتی که ما قادر نیستیم یک آیه مانند قرآن بنویسیم ، ما ترجمه آنرا هم قادر نیستیم. اگر انسان قادر می‌شد که زبان خدا وند را ترجمه کند، به یقین این قدرت را پیدا میکرد که یک آیه از خود بسازد زیرا زبان انسان و زبان خدا یکی میشد. **بلی قرآن ترجمه نه می‌شود و اما تفسیر میشود.** هر آن جائی که شما میخوانید "ترجمه قرآن" یک حرف غلط و نادرست است. چون انسان به جای اینکه قرآن را تفسیر کند ،از زبان عامیانه عربی انسانی به ترجمه پرداخته است و نتیجه اینکه اشتباهات بزرگ شده است. طور مثال در اکثر تفاسیر ، تفسیر آیه 106 سوره بقره را چنین نوشته‌اند " هر حکمی را نسخ کنیم ، و یا آن را به دست فراموشی بسپاریم " (طور مثال به تفاسیر فولادوند، کابلی ، حسینی و سیرت نگاه کنید) . مفسر یا بهتر بگویم "مترجم" هرگز فکر نکرده است که خداوند فراموش نه می‌کند و خداوند فراموشکار نیست. اصل تفسیر به ﴿ تعویق می‌اندازیم﴾ می باشد. در علم تفسیر، دانستن سه مطلب حتمی است اول توحید دوم علم لغت یعنی اتومولوژی و فیلولوژی و سوم اساس عدالت خداوندی که خداوند عادل مطلق است و در هیچ جا در قرآن دو روئی و دو رنگی و تبعیض دیده نمیشود. هستند بسیاری ملا ها که توحید را از نگاه ساینس امروز تشریح کرده نه می توانند. توحید را در کودکی آموخته بودیم که خداوند یکه و یگانه است نه زیاد تر از این. اما امروز می‌دانیم که توحید این است که نه تنها خداوند یکی است بلکه انسان یکی است ، جهان یکی است ، وعلم یکی است و مرجع همه آن ذات اقدس الهی است . طور مثال دی - ان ـ ای که در نباتات وجود دارد همان دی-ان-ای در انسان هم است . یعنی انسان جزء این کُره خاکی است و از خاک ساخته شده است و دوباره خاک میشود. این است توحید علمی . به عبارت دیگر قانون خدا و قانون طبیعت هر دو یکی است.مثال دیگر ترجمه کلام خدا از زبان انسان کلمۀ "اضربُوهُن" می‌باشد که همه "زدن" ترجمه کرده‌اند ، یعنی زنان تانرا اگر به سخن شما گوش ندادند ، بزنید.در حالیکه درین جا ﴿جدا شدن﴾ معنی میدهد نه زدن زیرا خداوند قبلاً گفتیم به انسان کرامت داده است و

میخواهد که انسان موجود با کرامت باشد، چه زن باشد چه مرد باشد. قرآن برای بار اول توسط شخص پیامبر (ص) تفسیر شده است.در حدیث مبارک آن سید المرسلین میخوانیم «زنان تانرا مانند بردگان دوره جاهلیت مزنید». همچنان میخوانیم که «نیکو ترین شما همان است که با زنان خویش نیکو هستند». این جاست که می‌بینیم اسلام عزیز و قرآن مجید و محمد (ص) جزئی ترین تعصب و بد روشی و بد رفتاری را در حق زنان روا ندانسته و همه از قوم گرائی عرب و عجم و تفسیر نادرست قرآن مجید و ترجمهٔ غلط احادیث سرچشمه گرفته است. نزد مسلمانان خداوند عادل مطلق است ، پس چطور یک موجود عادل در مقابل خلقت خود تبعیض می کند؟

بر عکس قرآن کریم احادیث تفسیر نه می‌شود زیرا از زبان انسان است بلکه ترجمه میشود. احادیث پیشوای اسلام (ص) از زبان انسان است نه خداوند. و آن حضرت (ص) فرموده است که شما به زبان مردم و عقل مردم سخن گوئید. لذا ترجمه زبان انسان به انسان امکان دارد ودرست است. حدیث تفسیر نمیشود. اگر کسی بخواهد سخن پیامبر را تفسیر کند ، چنین معنی میدهد که گویا عقل او از پیامبر بلند تر است و یا نیت پیامبر را درک کرده است در حالیکه انسان به نیت دیگران به جزءاز خودش و خدایش دسترسی ندارد. مخصوصاً اینکه پیامبر (ص) به زبان مردم سخن گفته است و تفسیر کار ندارد و اینکه یک عده وقت خود را ضایع کرده‌اند و حدیث را تفسیر کرده‌اند خود را و مردم را زیاد تر به بیراهه کشانده اند. به عبارت دیگر سخن پیشوای اسلام عام فهم است و احتیاج به آموختن ادبیات عرب نیست مثل اینکه ما بیدل شناس داریم. ودرین زمینه زبان عامیانه عرب را دانستن کار حتمی است و اما قابل تذکر است که آن کس زبان عرب را به شکل اساسی میداند که الف در فرهنگ عرب تولد یافته باشد و یا از خورد سالی (قبل از سن 15) در آن فرهنگ بزرگ شده باشد و ب تحصیلات اکادمیک در زبان داشته باشد. اگر یکی ازین دو مورد را شخص ندارد، ترجمه می‌تواند اولاً ضعیف باشد ویا غلط باشد و ثانیاً

ترجمهٔ یک مترجم با مترجم دیگر تفاوت داشته باشد که این موضوع نه تنها از اهمیت حدیث میکاهد بلکه فکر خواننده را مغشوش میسازد. و چون احادیث مبارک صد و پنجاه سال بعد از رحلت سید المرسلین جمع آوری شده است ، از نگاه طرز تحقیق که امروز اساسات و اصول تحقیق را در دانشگاه‌ها تدریس میکنند ناممکن است که احادیث غلط ترجمه نشده باشد و یا حدیث غلط شامل مجموع احادیث نشده باشد. طور مثال در احادیث میخوانیم که حضرت بی بی عایشه صدیقه (رض) 9 ساله بوده که نکاح کرده است. امروز تحقیقات نشان میدهد که بی بی موصوف بین سنین 16 و 20 بوده که با پیشوای اسلام (ص) ازدواج کرده است . نتیجه اینکه تفسیر نادرست قرآن و ترجمه غلط احادیث مسلمان را به بیراهه کشانده و از وی یک شخص تنگ نظر ، متعصب و تندگرا ساخته است و ملیون ها ملیون دختر مسلمان را در سن خورد سالی به نکاح یک مرد بزرگسال در آورده اند. برای ثبوت این موضوع که ترجمه و تفسیر چه نقش بارز دارد ،یک مثال می آوریم از ترجمه لوءلوء و مرجان ترجمه دانشمند گرامی محمد حنیف (حنیف) بلخی و صحیح بخاری ترجمهٔ دانشمد گرامی عبدالعلی نور احراری: «طَلحَةَ بن عُبید الله قال: جاءَ رجلٌ الی رسول اللهِ (ص) من اهل نجد ثائر الراس یُسمَعُ دویُ صوتِه و لا یُفقَهُ ما یقول، حتی دنا فاذا هو یسأل عن الاسلام» ترجمه: "طلحه بن عبیدالله که گفت: مردی سر برهنه که از اهل نجد بحضور رسول صلی الله علیه و سلم که انعکاس صدایش شنیده میشد اما فهمیده نمی‌شد که چه می‌گوید ، تا اینکه (بآنجناب علیه السلام) نزدیک شد و از اسلام می‌پرسید (21). حال می‌رویم به ترجمه صحیح بخاری جلد اول ، کتاب ایمان صفحه 32 حدیث شماره 46 توجه کنید

طلحه بن عبیدالله رضی‌الله عنه گفته است: مردی ژولیده موی از اهل نجد نزد رسول الله صلی الله علیه و سلم آمد. که زمزمهٔ او شنیده میشد ولی فهمیده نمی‌شد که چه می گوید، تا آنکه نزدیک آمد و دانستیم که در بارهٔ اسلام سؤال میکند.

توجه می‌کنید که در لوء لوء و مرجان «مردی سر برهنه» ترجمه شده و در صحیح بخاری «مردی ژولیده موی». و همچنان :در لوءلوء و مرجان"انعکاس صدایش" ترجمه شده و «زمزمه» در صحیح بخاری. کدام یک ازین ترجمه‌ها درست است؟ وقتی که از علم اتومولوژی یعنی مبداء لغت و فیلولوژی یعنی ساخت و بافت و جمله بندی زبان کار گرفتیم و لغا ت را جدا جدا مورد بررسی قرار دادیم.

نتیجه گرفتیم که ترجمهٔ صحیح بخاری درست است. این تحقیق نشان میدهد که ترجمه و تفسیر درست که به اساس عدالت و منطق زبان استوار باشد خواننده را به بیراهه نه می کشاند.

متاسفانه در کشور ما قانون و قانون‌مندی و قانون‌گرائی وجود ندارد. یک جامعه وقتی به معراج خوشبختی و امنیت و رفاه و آسودگی میرسد تا قانون‌مندی و قانون گرائی به حد اعلی رسیده باشد. فعلاً ما نه تنها در نظام انارشی بلکه الیگارشی هم زندگی داریم. انارشی و الیگارشی باعث می‌شود تا فساد اداری و دولتی و اجتماعی ناله کند. همچنان است عدم موجودیت عدالت اجتماعی. قانون‌گرائی و قانون‌مندی در کنار تساوی حقوق بین افراد جامعه که هیچ قومی بر قومی بر تری نداشته باشد ، هیچ مردی بر زنی و هیچ زنی بر مردی. هیچ مذهبی بر مذهبی. همچنان است تساوی فرهنگی که همه زبان‌های کشور یکسان دیده شود و نظام سوسیو پولیتیک اجازه ندهد یک زبان قربانی اهداف تفوق گرائی و فاشیستی یک زبان دیگر شود——همه مردم باید بر علیه شورای کشور و دولت قیام کنند. در اسلام حقوق مدنی زنان مساوی به مردان است و هر کسی غیر این ادعا میکند یک شخص جاهل قومی و قبایلی است و در جامعهٔ قرن بیست و یکم جا ندارد .

بخش دوم

زیست باهمی زن و شوهر

چندین مطلب عمده در زندگانی زن و شوهرمنحیث یک زوج متمدن و امروزی قابل مطالعه و توجه میباشد که زندگی را برای هر دو آسان میسازد. مطالب ذیل در زندگی زناشوهری عصر حاضر حائز اهمیت است

چون قرآن مجید میگوید زن لباس مرد است و مرد لباس زن است پس زن و مرد مکمل همدیگر در زندگانی زناشوهری می باشند. نه زن و نه مرد، به تنهائی،نمیتواند یک خانواده را بسازد. با اینکه در سورۀ نساء دیدیم که زن و مرد از نفس واحد خلق شده است و در خلقت بشر تبعیض نیست و اما از نگاه علم جامعه شناسی و علم حیه برای زیست با همی و تکامل تفاوت‌های وجود دارد که این تفاوت‌ها انسان را قسمیکه دیدیم ،حقوق مدنی را کم نه می‌کند و اما از نگاه علم زیست با همی و علم جامعه شناسی ، انسانرا یک پدیدۀ بارز خلقت و یک انسان واقعی میسازد زیرا انسان چه مرد باشد و یا چه زن باشد از دید قرآن یک موجود با کرامت است

اول تفاوت‌های اجتماعی :انسان‌ها چه مرد و یا چه زن باشد طرز زندگی‌شان به خاطر تفاوت‌های سلیقوی ، دید و بینش ، افکار و اندیشه، قوت و ضعف اقتصادی ، رفت و آمد اجتماعی و خانوادگی از همدیگر

متفاوت است. حتی که دو پسر یا دو دختر در یک خانواده بزرگ شده باشند ، این تفاوت‌ها وجود دارد. این تفاوت ها برای این است که انسان یک موجود آزاد خلق شده است و حق انتخاب روش زندگی را دارد. دین هم یک موضوع انتخابی است نه اینکه اجباری باشد با اینکه خداوند انسان را با فطرت دین آفریده است. پس زمانیکه یک زن و شوهر با هم نکاح میکنند تفاوت‌های که در بالا تذکر داده شد وجود دارد که این تفاوت‌ها هم میتواند در اثر مشوره و تفاهم راه مثبت را در پیش گیرد و هم این تفاوت‌ها میتواند به جار و جنجال مبدل گردد. برای اینکه واضح تر صحبت کرده باشیم یک مثال می آوریم. طور مثال مرد در یک خانوادهٔ معلم بزرگ شده است و زن در یک خانوادهٔ تاجر. خانوادهٔ معلم اکثراً اقتصاد متوسط دارد. سبک زندگی‌شان از یک تاجر تفاوت دارد. دوستان که رفت و آمد دارند، دید و بینش دو خانواده در مورد زندگی ، همه و همه تفاوت دارد. این به این معنی نیست که یک خانواده از خانوادهٔ دیگر در انسانیت و شرافت و ایمان تفاوت داشته باشد. پس وقتی که زن و مرد ازین دو خانواده‌ها ازدواج میکنند باید در نظر داشته باشند که تفاوت‌های فکری و طرز زندگی و سلیقه وجود دارد.

دوم تفاوت‌های فیزیولوژیک: چون انسان مونث و مذکر خلق شده است که این یک مسئلهٔ فیزیولوژیک است لذا دید و بینش شان تفاوت دارد و به دلیل همین تفاوت ها ، هر کدام ، زندگی را به ذوق خود می بیند. طور مثال زن و شوهر می‌روند که یک موتر(ماشین) خریداری کنند. زن می‌گوید که رنگ سیاه را دوست دارد داشته باشد و مرد می‌گوید که رنگ سفید را دوست دارد. این تفاوت‌ها تفاوت‌های مدنی نیست بلکه فیزیولوژیک است و هیچگونه ارتباط به حقوق مدنی زن و مرد ندارد

شناخت زن و شوهر از همدیگر

وقتی که دانستیم که تفاوت‌ها وجود دارد پس باید زن و شوهر در صدد شناخت همدیگر شوند که متأسفانه این عمل کمتر صورت میگیرد.

«لباس» که در قرآن مجید برای زن و مرد خطاب شده است ، در لغت از «لبسه» مشتق شده است. "لبسه" تردید آمیز ، نا معلوم و یا غیر متیقن معنی میدهد. یعنی زن و مرد در مورد همدیگر با اینکه لباس هستند اما از نگاه شناخت متیقن نیستند. به عبارت دیگر شناخت روح و روان همدیگر را ندارند. پس وظیفة اول زن و شوهر چه از نگاه روحی و معنوی و چه از نگاه اجتماعی شناخت همدیگر است. این شناخت برای یک زندگی مسالمت آمیز نهایت ارزنده است. این شناخت از همدیگر است که تفاهم را به بار می آورد. زن و شوهر باید در کوشش باشند تا عادات همدیگر را بیاموزند و طبق آن با همدیگر رابطه داشته باشند. بعضی عادات ارثی است و نه میتواند تغییر کند. طور مثال یک مرد وقت و ناوقت سر خود را می خارد. این عادت امکان دارد ارثی باشد و امکان دارد از آن جلوگیری شود و امکان دارد که نشود. مربوط است به اینکه به کدام اندازه شخص برای رفع مشکل کوشش می کند. اما بعضی عادات ارثی نیست و مربوط تربیه میشود که آن در اثر مفاهمه بین زن و شوهر تغییر کند. طور مثال زن عادت دارد که در تیلفون با اعضای خانواده اش زیاد صحبت کند. این موضوع بعضی شوهران را دلتنگ میکند. پس زن نباید کاری کند که باعث دلتنگی همسرش شود و باید عادت خود را تغییر دهد .

حقوق و مسئولیت های خانوادگی

از دید قرآن زنان و شوهران بالای همدیگر حقوق دارند چنانچه قرآن مجید میگوید « وَلَهُنَّ مثلُ الذی علیهنَ بالمعروف » یعنی (زنان را بر مردان حقی است در حد عرف، همچنانکه مردان را بر زنان). درین آیة مبارکه به وضاحت آمده است که اول زنان را بر مردان حقی است و بعد مردان را بر زنان. می‌بینید که زنان را اول تذکر داده است و بعد مردان را. دوم اینکه این آیه از مساوات زن و مرد سخن میگوید هم در اجتماع و هم در خانواده زیرا کلمة «مراء» که شوهر معنی میدهد نیامده است بلکه اشاره به همه مردان است. حقوق کلمة قانونی است. اگر شخصی حقوق

خود و دیگران را نه می‌شناسد ،هم خود را و هم دیگران پایمال میکند. در بالا دیدیم که زن و مرد بالای همدیگر حقوق دارند ، پس لازم است تا حقوق خانوادگی را تعریف کنیم و فهرست نمائیم

حقوق خانواده عبارت است از آن ماده های قانونی خانوادگی است که زن و شوهر را در برابر همدیگر مسئول میسازد. چنانچه در بخش اول گفتیم خانواده واحد کوچک اجتماع است . در اجتماع هم، قانون مردم را در برابر هم مسئول میسازد. بی نظمی خانوادگی و هرج و مرج در اجتماع از عدم احترام به قانون و قبول نکردن مسئولیت ها در خانواده و جامعه است.

چون قرآن کلمهٔ زن را در مسأله حقوق اول به کار برده است ، درین جا حقوق زنان را بالای مردان فهرست می‌کنیم

حقوق عبادت

به استناد آیهٔ کریمهٔ یک صد وسی و دوم سورهٔ طه که « خداوند می فرماید، « و اَمُر اَهلَکَ بِالصلوةِ و اصطَبِر عَلیها» یعنی و خانواده ات را به نماز فرمان ده و در آن صبورانه بکوش ؛ زن مسلمان بالای مرد مسلمان حق دارد تا مرد منحیث رئیس خانواده نماز را بر پا نماید و به آن کوشا باشد. نماز راه خوشبختی و سعادت خانوادهٔ مسلمان است

حقوق منع حرام

قرآن به صراحت می‌گوید که « یاایَهَاالذینَ آمنُواقُواانفُسَکُم وَ اهلِیکُم ناراً» (تحریم آیهٔ 6) یعنی ای کسانی که ایمان آورده‌اید خود و خانوادهٔ تانرا از آتش (دنیا و آخرت) دور نگاه دارید. درین آیه وظیفهٔ مرد است و حق زن است که اول مرد از حرام بپرهیزد و زن در راه خداوند مطابعت کند. خوراک حرام ، پوشاک حرام ، عاید حرام و اعمال حرام اول مرد و دوم زن در خانواده مسول است .

حقوق حرمت

حقوق حرمت در خانواده ار اساسات یک خانوادهٔ سالم است و خداوند در سورهٔ النساء آیهٔ نزدهم می فرماید، « و عاشِرُوهُنَ بالمَعرُوُف» یعنی (با آنان[زنان] به شایستگی رفتار کنید). پیامبر اسلام (ص) می‌فرماید «بهترین شما کسانی هستند که با خانوادهٔ خویش به بهترین روش رفتار می نمایند و من از همهٔ شما با خانواده‌ام بهتر معاشرت می نمایم». از آنجائیکه خداوند به انسان چه مرد باشد و چه زن باشد کرامت اعطا کرده است پس اولین حق مرد بالای زن و زن بالای مرد حق حرمت و احترام به همدیگر است. یک زن و شوهر با احساس ، و با اخلاق همیشه به همدیگر احترام قائل می‌باشند ، همدیگر را حرمت می نهند و با همدیگر با زیبائی سخن می گویند

حقوق نفقه

مرد مکلف است تا نفقه تهیه کند. درین صورت زن به امور منزل رسیدگی میکند. اگر درآمد مرد کافی نیست و زن مجبور می‌شود که کار کند ، درین حالت است که زن هم نفقه آورنده می‌شود و وظایف شان به اساس مشوره در خانواده همسان می باشد. طور مثال زن کودکان را به مکتب همراهی میکند و از طرف عصر شوهر آن را دوباره به منزل میرساند. زمانیکه زن کار میکند باید افهام وتفهیم بسیار قوی و مشوره بین هر دو باشد تا زندگی را بدون درد سر سپری کنند. در نفقه باید یاد آوری شویم که بیمهٔ صحی زن و همچنان در کشور های که رانندگی رواج زیاد تردارد یک موتر (ماشین) هم شامل است

حقوق جنسی.

زن و مرد نظر به آیهٔ اول سورهٔ نساء از نفس واحد خلق شده است. مرد و زن احتیاجات نفسانی دارند و این مشترک است. درست است که مرد ها تقاضای جنسی زیاد تر دارند و اما خداوند عزت نفس را برای این به مرد و زن اعطا کرده است تا درین مورد دقیق فکر کنند. زن‌ها همیشه

برای همبستر شدن آماده نه می‌باشند و این باید احترام شود. جماع و یا همبستر شدن باید ضرورت هر دو باشد نه اینکه یک‌طرفه باشد. اگر یکی از طرفین چه مرد باشد و چه زن باشد تنها میخواهد آرزوی خود را عملی کند ، این باعث نفاق و کشمکش میشود. بعضی اوقات مرد خسته می‌باشد و باید این روحیه از طرف زن احترام شود و بعضی اوقات قسمیکه گفتیم زن آمادگی لازم را نه میداشته باشد ، باید احساس او احترام شود .

حقوق دیدار خویشاوندان

در سورهٔ نساء میخوانیم «وَالاَرحام» یعنی از خویشاوندان نبرید. مرد حق ندارد تا زن را از رفتن به خانهٔ خویشاوندان منع کند. این دید و بازدید های خانوادگی تا زمانی مشروع است که روابط زناشوهری صدمه نبیند. همچنان نه زن و نه مرد نباید روابط خویش را با اقارب قطع کنند. قطع رابطه با اقارب خلاف اساسات خانوادگی و اخلاقی اسلام است

حقوق مالی زن بالای مرد

بسیار مضحک است زمانی که زن کار نکند و از جانب شوهر یک مقدار پول ناچیز به زن ماهانه برای مصارف روزمره تقدیم شود. در صورتی که مرد ادارهٔ پولی را به دست دارد باید همه مصارف ماهانهٔ خانواده را سنجش کند و یا خودش هر ماه به آن رسیدگی کند و یا همسرش. در عین زمان پول کافی برای همسر پیشکش شود تا زن هیچ وقت دستش به دیگران دراز نشود و یا حسرت یک زن دیگر را بخورد. زن هم باید بداند که پول و دارائی شوهرش یک امانت است و باید بسیار به احتیاط مصرف نمود. قرآن مجید مسرفین را برادران شیاطین خطاب کرده است و هیچ وقت یک زن و مرد مؤمن باید از اسراف کار نگیرد

حق مرد بالای زن

زن باید به شوهر خود احترام داشته باشد همچنانکه مرد باید احترام داشته باشد. زن باید در مورد مال و ثروت همسرش بسیار محتاط باشد. زن باید

در همه امور با شوهرش مشوره کند. زن باید کوشش کند تا به کودکان رسیدگی درست صورت گیرد مخصوصاً فرهنگ اسلامی کودکان. زندگی زنا شوهری برای هر دو جانب است و یک جانبه نیست. ازین لحاظ مرد باید زن را در امور دخیل سازد و خانواده را یکجائی به پیش برند

مرد و زن در انتخاب شریک زندگی حقوق مساوی دارند: دین اسلام دین مساوات بین افراد جامعه ، برابری و برادری است. زن و مرد مسلمان هر دو در انتخاب همسر و شریک زندگی حقوق مساوی دارند. ابن ماجه از ابن عباس (رض) روایت میکند که دختری باکره نزد پیشوای اسلام آمد و عرض حال کرد که پدرش اورا بدون رضایتش تزویج کرده و او راضی نیست . رسول الله (ص) برایش گفت ﴿ تو اختیار خود را داری میتوانی رد کنی و یا قبول کنی﴾. متاسفانه چون فرهنگ قومی در کشور های اسلامی و افغانستان همیشه بالای فرهنگ اسلام دست بالا داشته ، دختران و زنان از حقوق انتخاب همسر همیشه محروم بودند و خود شان در زندگی تصمیم نمی گرفتند و برای شان تصمیم گرفته میشد. هنوز هم این عمل خلاف اسلام در افغانستان رواج دارد و این میراث حق تلفی را در توبرهٔ مسافرت به هجرت آورده ایم. خانواده ها هنوز هم در ایالات متحده امریکا، کانادا ، اروپا و دیگر کشور های جهان به دختر شان اجازه نمی دهند تا همسر و شریک زندگی شان را از جمله جوانان مسلمان ، خود شان انتخاب کنند. این عمل که به دختر اجازه نه میدهند تا شریک زندگی خود را انتخاب کند ، خلاف شرع اسلام و حقوق مدنی زن و حقوق بشر در اسلام است.

"دیدار جوانان قبل از نکاح"(22) مضمونِ درین زمینه به نشر رسانیده بودم که آیا در اسلام مجاز است تا دختر و پسر همدیگر را قبل از نکاح ببینند یاخیر؟

جواب این سوال را در تفسیر القاری فی شرح صحیح بخاری ترجمه

فارسی جلد پنجم صفحه 57 در می یابیم که چنین می نویسد: " مذهب ابی حنیفه و صاحبیه و شافعی و مالک و احمد و غیر ایشان حجت آورده اند برین معنی حدیثی که ترمذی ، مضیره خطبه کرد زنی را ، (و) آن حضرت (ص) فرمود اول ببین او را که لایق تراست برای الفت میان شما."

حدیث شماره 67 باب 42 بخش نکاح در صحیح بخاری میرساند که نکاح دختر باکره و زن بیوه بدون اجازه اش مجاز نیست. دو حدیث فوق میرساند که دیدار زن و مرد قبل از ازدواج امر حتمی است و هیچ کس حتی پدر نمی تواند دختری را بدون اجازه اش به نکاح مردی داخل سازد. چطور یک دختر میتواند نکاح خود را اجازه دهد تا افهام و تفهیم نکرده باشد و چشمش به چهرۀ مرد نیفتاده باشد؟ در زندگانی امروزدر محیط غرب موضوع دیدار به مفهوم واقعی لغت قطعاً مطرح نیست زیرا جوانان ، زنان و مردان همدیگر را در مجالس ، دانشگاه ها و بازار ها می بینند . و در زمان حضرت رسول کریم (ص) هم مردان و زنان آزادانه در بازار و مسجد همدیگر را می دیدند زیرا نظر به حدیث باب 113 بخش نکاح در صحیح بخاری دیدار مرد و زن در حضور دیگران مجاز است. یعنی مردان و زنان مسلمان آزادانه میتوانند در حضور دیگران صحبت کنند. زن و مرد مسلمان هر دو در پیشگاه خداوند مسئول اعمال و کردار خود هستند و کس نمی تواند بالای شان پولیس شود. افهام و تفهیم در ازدواج از اساسات عمدۀ ایجاب و قبول است و این حق شرعی مسلمانان است که خدا و رسول به ایشان ارزانی نموده است. قبول یک مرد و یا یک زن از طریق عکس به هر نوع آنکه باشد مجاز نیست زیرا عکس میتواند با تکنالوژی امروز تغییر آورده شود. مثلاً یک شخص فربه میتواند لاغر نشان داده شود. گفت و شنود از طریق «اسکایپ» درست است و اما بهتر است تا چهره از نزدیک و زنده دیده شود.

خواستگاری

از آنجائیکه حقوق زن و مرد در اسلام از نگاه مدنی مساوی است پس خواستگاری در اسلام دوجانبه است. یعنی مرد میتواند خواستگاری کند و زن هم میتواند خواستگاری کند و هیچگونه مانع شرعی وجود ندارد. بی بی خدیجه کبری همسراول گرامی پیشوای اسلام سید المرسلین از جناب شان خواستگاری کرد. نظام قومی و قبایلی این حق را از زن گرفته است. این نه تنها جفا به زن است ، خیانت به اسلام است. زن و مرد حق دارند همدیگر بطور مستقیم و رویاروی قبل از تصمیم نامزدی باید ببینند. دیدار شرط اول نامزدی است. دیدار از روی عکس ، از طریق تارنما و انترنت و یا اینکه کسی دیگر از خوبی و زیبائی زن و یا مرد تعریف کند همه غیر شرعی و مجاز نیست. سنت پیشوای اسلام است که باید زن و مرد همدیگر را از نزدیک ببینند

دورهٔ نامزدی

وقتی که دیدار وخواستگاری از همدیگر صورت گرفت ، دورهٔ نامزدی آغاز می یابد. دورهٔ نامزدی دورهٔ شناخت از همدیگر است. درین دوره زن و مرد کوشش میکنندهمدیگر را از نگاه روحی ، معنوی ، رویه و کردار و پیشامد اجتماعی ، عقاید سیاسی و اقتصادی درک کنند و بشناسند و در همه موارد تبادل افکار کنند. این دوره، دورهٔ تصمیم گیری برای نکاح است. هر دو جانب حقوق مساوی دارد. اگر درک میکردند که نه میتوانند باهم زندگی مشترک را بسازند ، گناهی نیست که محترمانه از هم جدا شوند بدون اینکه به یک دیگر توهین کنند و یا به زور خود را بالای یک دیگر را تحمیل کنند. قرآن مجید در مورد این دوره در سورهٔ بقره آیهٔ های 235 و 236 چنین می فرماید

وَلَا جُنَاحَ عَلَيْكُمْ فِيمَا عَرَّضْتُم بِهِ مِنْ خِطْبَةِ ٱلنِّسَاءِ أَوْ أَكْنَنتُمْ فِى أَنفُسِكُمْ عَلِمَ ٱللَّهُ أَنَّكُمْ سَتَذْكُرُونَهُنَّ وَلَٰكِن لَّا تُوَاعِدُوهُنَّ سِرًّا إِلَّا أَن تَقُولُوا۟ قَوْلًا مَّعْرُوفًا وَلَا تَعْزِمُوا۟ عُقْدَةَ ٱلنِّكَاحِ حَتَّىٰ يَبْلُغَ ٱلْكِتَٰبُ أَجَلَهُ وَٱعْلَمُوٓا۟ أَنَّ ٱللَّهَ يَعْلَمُ مَا فِى

أَنفُسِكُمْ فَٱحْذَرُوهُ وَٱعْلَمُوٓا۟ أَنَّ ٱللَّهَ غَفُورٌ حَلِيمٌ (٢٣٥) لَّا جُنَاحَ عَلَيْكُمْ إِن طَلَّقْتُمُ ٱلنِّسَآءَ مَا لَمْ تَمَسُّوهُنَّ أَوْ تَفْرِضُوا۟ لَهُنَّ فَرِيضَةًۚ وَمَتِّعُوهُنَّ عَلَى ٱلْمُوسِعِ قَدَرُهُ وَعَلَى ٱلْمُقْتِرِ قَدَرُهُ مَتَـٰعًۢا بِٱلْمَعْرُوفِۖ حَقًّا عَلَى ٱلْمُحْسِنِينَ (٢٣٦)

تفسیر : و در بارهٔ آنچه شما به طور سر بسته، از زنان خواستگاری کرده، و یا آن را در دل پوشیده داشته اید، بر شما گناهی نیست. خدا می‌دانست که شما به زودی به یاد آنان خواهید افتاد، ولی با آنان قول و قرار پنهانی مگذارید، مگر آنکه سخنی پسندیده بگویید. و به عقد زناشوئی تصمیم مگیرید، تا زمان مقرر به سر آید، و بدانید که خداوند آنچه را در دل دارید می داند. پس از مخالفت او بترسید ، و بدانید که خداوندآمرزنده و مهربان است(235)و اگر زنان را ، مادامی که با آنان نزدیکی نکرده‌اید یا برایشان مَهری معین نکرده اید، طلاق گویید، بر شما گناهی نیست، و آنان را بطور پسندیده، به نوعی بهره مند کنید ـ توانگر به اندازهٔ توان خود ، تنگدست به اندازهٔ وُسع خود. این کاری است شایستهٔ نیکوکاران.

در دو آیهٔ فوق چند مطلب عمده نهفته است. اول می‌بینیم که زنان و مردان حق دارند در دورهٔ نامزدی با هم نشست و برخاست داشته باشند و در موارد مختلف با هم صحبت کنند و اما چون دورهٔ شناخت است حکم میکند که «و به عقد زناشوئی تصمیم مگیرید، تا زمان مقرر به سر آید». زمان مقرر آن زمان است که زن و مرد مطمئن شوند که میتوانند با هم یکجا زندگی کنند. همچنان در آیهٔ بعدی خداوند می‌گوید که اگر مَهری تعین نکرده‌اید و از آنان جدا می‌شوید بر شما گناهی نیست. "نزدیکی" وقتی صورت میگیرد که نکاح صورت گرفته باشد. یعنی در دوران نامزدی شما میتوانید جدا شوید و از روی انسانیت و اخلاق نیکو باید با یک تحفه او را بهره مند سازید. مرد مسلمان و زن مسلمان همیشه از کردار نیک و اخلاق نیک کار میگیرد و اگر نمیتوان سازش نمود محترمانه از هم جدا می‌شوند نه اینکه از رویهٔ غیر اخلاقی کار گرفت و خود را تحمیل کرد و یا تهدید کرد و از الفاظ رکیک کار گرفت.

در دوران نامزدی زن و مرد با هم محرم هستند. زن و مرد مسلمان بعد ازینکه نامزدی شان رسماً اعلام شد ، نظر به آیهٔ فوق محرم هستند و اینکه بعضی دانشمندان اسلامی مانند امام عبدالحمید کشک که در کتاب خود زیر عنوان «بناءالاسره المسلمه» (23)، مرد و زن را در دوران نامزدی نا محرم خوانده است ، یک فتوای غیر قانونی و ضد قرآنی است. هیچگونه حدیث وجود ندارد که نامزدان را نامحرم گفته باشد. زن و مرد مسلمان قبل ازینکه نامزد شوند باید مراتب اصول اخلاقی اسلام را بدانند. آن‌ها باید بدانند که همبستر شدن زمانی روا است که نکاح صورت گرفته باشد. دلیل عمده که رسول خدا تأکید کرده تا کودکان از سن هفت سالگی به نماز دعوت شوند همین است که تا سن بلوغ مراتب دین را بیاموزند. چون نظر به سخن پیشوای اسلام «نماز ستون دین است» ، یک مسلمان با آموختن نماز همه اصول ، قواعد و مراتب اخلاقی دین و اساسات را در قبال نماز می آموزد. پس یک یک زن ومرد مسلمان زمانیکه نامزد می‌شوند مراتب ثواب ، اجر و گناه را میدانند. آن‌ها میدانند که جماع یا همبستر شدن قبل از نکاح روا نیست و اما تبادل افکار ، تبادل نظر ، شناخت همدیگر از نگاه روحی و معنوی و فکری و روانی در نامزدی مطرح است. اینکه خانواده‌ها فوراً ایشان را در دوران نامزدی نکاح کنند پس تفاوت میان نامزدی و نکاح چه شد؟ دوم اینکه وقتی که ما اجازه نه دهیم که دختر ما آزادانه با نامزدش گشت و گزار کند معنی آن این است که ایمان این دختر یا پسر ما ضعیف است و یا ما به اخلاق شان اعتماد نداریم که این یک توهین به نامزدان است. مهمتر اینکه قرآن دوران نامزدی را اجازه داده و اگر ما غیر آن عمل می‌کنیم خلاف قرآن رویه کرده‌ایم و این گناه بزرگ است. سوء ظن و بد گمانی را قرآن حرام دانسته است و ما نباید به اولاد خود شک بر باشیم که مرتکب گناه میشود. هر کسی که به سن قانونی می‌رسد حق تصمیم را دارد وخود مسئول ایمان داری خودش است و ما نه میتوانیم بالای مردم و درین بحث اولاد خود پولیس شویم. بلی تنها بودن زن و مرد نامحرم در اسلام جائز نیست. اما وقتی که زن و مرد نامزدی خود را برای مردم رسماً اعلام میکنند آنها با هم محرم میشوند. قسمیکه گفتیم

حدیثِ وجود ندارد که نامزدان با هم نامحرم هستند و یا زن و مرد با هم بعد از دورهٔ نامزدی نه میتوانند گشت و گزار کنند. امروز زنان ما در مجالس علمی شرکت میکنند ، در سیمینار ها شرکت میکنند ، با آنانیکه در رشته شان کار میکنند و یا همکار دفتراو است مسایل را بحث میکند ، پس ما بگویم که اینها نامحرم هستند و نه میتوانند با هم نشست و برخاست داشته باشند. خواه مخواه دیدار شان در جا های غیر علمی و غیر محیط کار خلاف سنت اسلام است و به شخصیت شان صدمه میزند و نباید ریسک را بگیرند. با این هم ، همه انسانها آزاد خلق شدهاند و خود شان مسئول اعمال و کردار خود هستند. اخلاق آموخته و تدریس میشود ، قانونمندی نه میشود. یک مشکل کشور های اسلامی همین است که همه را با فتاوی غیر عملی و خلاف کرامت انسانی در قُطی کردهاند و جوانان را بیزار از دین ساختند

بعد از دیدارو خواستگاری اگر مصلحت جانبین بود مرحلهٔ سوم نکاح است که بطور جامع تشریح میشود. اما قبل ازینکه به موضوع نکاح برویم باید دو مطلب دیگر را هم که باید جوانان قبل از نکاح دقیق فکر کنند به بحث گیریم. اول ازدواج میتواند یک قربانی باشد و دوم ازدواج میتواند یک ریسک با خطر ستیز باشد

اول آیا ازدواج میتواند در دنیای امروز یک قربانی باشد؟ جواب این سؤال بلی است زیرا اولین چیز را که یک دختر و یا پسر بعد از ازدواج از دست میدهد ، آزادی فردی است. امروز جوانان ما ، آنانیکه درس خواندهاند و مخصوصاً در کشور های غربی زندگی میکنند باید بدانند که بعد از ازدواج همه موضوعات زندگی را باید با همسرشریک ساخت و دورانِ مجردی نیست که به تنهائی عمل کرد . برای این منظور باید به اصطلاح «کار خانگی» خود را در مورد ازدواج طرفین خوب اجرا کنند تا پشیمان نشوند. باید هر دو در همه موارد که چگونه میتوانند یک زندگی آرام داشته باشند صحبت کنند. همه سؤالات خود را مطرح کنند و کورکورانه ازدواج نکنند. بسیار شنیده شده که "در اول نه میدانستم". این

در اول خبر نداشتن برای این است که دختر و پسر در مورد همدیگر درست معلومات حاصل نه کرده‌اند و از هم شناخت درست نداشته اند.

دوم ازدواج یک پدیدهٔ «ریسکی» یا خطر ستیز: بسیار طبیعی است که اکثراً مردم نقاط که در آن توانائی دارند قبل از ازدواج مطرح میکنند و نقاط ضعف خود را پنهان میکنند و این باعث می‌شود که ازدواج به مخاطره بیفتد. طور مثال یک جوان کار خوب دارد و تحصیل یافته است و اما بعد از ازدواج آشکار شده است که تکالیف روحی داشته است و زن را در موارد بسیار ساده و بی‌معنی لت و کوب کرده است. بعضی مردان فوق‌العاده مستبد هستند و زن را کنترول میکنند که این حالت به زن یک تکلیف روحی را ایجاد میکند. همچنان هستند زنان که علاقمندی ازدواج را دارند و اما در مورد زندگی ساختن بسیار بی علاقه می‌باشند که این حالت مرد را بی علاقه میسازد. بسیاری ازدواج‌ها به خاطر نام پدر ، نام پدر بزرگ و یا اینکه پسر کار خوب دارد و یا پول دار است و یا درس خوانده است صورت گرفته است. تجربه نشان داده است که هیچکدام این موضوعات باعث خوشی زوج نشده است.خوشی در ازدواج تنها و تنها درین است که چگونه زن و مرد از نگاه ذوق و سلیقه زندگی و طرز تفکر باهم همنوا هستند .

هنر همسر بودن در زندگی امروز

جوانان ما باید هنر و فن همسر بودن را بیاموزند قبل ازینکه تن به ازدواج دهند. فورمول یک زندگی موفق آن است که چگونه یک زن میتواند شوهرش را خوش بسازد و چگونه یک مرد میتواند همسرش را خوش سازد. اولین گام برای یک زندگی بی صدا احترام متقابل است که هر دو باید بدانند که از همدیگر بر تری ندارند و هر دو در حرم خانواده از حقوق مساوی بر خوردارند. دوم هنر مشوره کردن است که در همه امور باید مشوره کرد. سوم هر دو جانب باید در مقابل همدیگر احساس مسئولیت کنند. مسئولیت احترام را به بار می‌آورد و احترام محبت را و بالاخره

مَحبت عشق را. چهارم زن و شوهر باید به همدیگر اعتماد داشته باشند و هیچ وقت کاری نکنند که اعتماد از بین برود. نزاکت های روزانه است که باید مراعات شود. طور مثال هیچ وقت یک زن و یا شوهر در مقابل دیگران از همدیگر شکایت نکنند و هنر افهام و تفهیم را بیاموزند تا چگونه بالای مشکل که پیش آمده مذاکره کنند. برای یک زندگی سالم طرفین باید از طعنه و کنایه گفتن به همدیگر جلوگیری کنند. افهام و تفهیم ، مشوره در امور و اعتماد سه پایهٔ اساسی یک زندگی سالم و مشترک است. قبولاندن مسایل بالای شوهر و یا شوهر بالای زن نتیجه بر عکس دارد و باید جلوگیری کرد و دور از اخلاق اسلامی و مدنی است. جوانان باید بیاموزند که نگذارند تا دیگران در امور شان مداخله کند. قرن بیست و یکم قرن مفاهمه و مشوره است. جوانان زمانی که ازدواج می‌کنند زندگی‌شان مستقل می‌شود و باید در مسایل زندگی خود شان تصمیم گیرند. اگر اشخاص خانواده در زندگی شان مداخله می‌کند ، این ضعف زن و شوهر را نشان میدهد که نتوانستند یک «تیم» شوند. آنگاه اعضای خانواده در امور جوانان شان دخالت میکنند که جوانان خود شان راه را برای مداخله باز کرده باشند. بسیاری از زندگی های جوانان ما به خاطر مداخلات دیگران و توقعات بیجای دیگران از هم پاشیده است. جوانان باید بیاموزند که چطور «نی» گویند وقتی که کسی در امور شان مداخله می کند.

بخش سوم

نکاح

نکاح از نکح گرفته شده و عقد، پیمان و قرارداد معنی میدهد. از نگاه شرع اسلام، سنت رسول کریم (ص) می باشد چنانچه در "احیاء علوم الدین" اثر گرانبهای محمد حامد غزالی طوسی میخوانیم : پیغامبر (ص) فرمود " نکاح از سنت من است ، پس هر که مرا دوست دارد باید که بر سنت من بود" و باز فرمود " هر که از سنت من روی بگرداند از من نیست ، و از سنت من نکاح است ، پس هر که مرا دوست دارد باید که بر سنت من رود" یعنی که نکاح کند. و در حدیث دیگر آن حضرت (ص) در همین کتاب میخوانیم "هر که توانگر است و بر دادن مَهر قادر است ، باید که نکاح کند"(23)

از نگاه قانون مدنی اسلام، نکاح یک عقد فاضل اجتماعی است مگر مانند مسیحیت یک پیمان مقدس نیست. به خاطری عقد فاضل است که از نص قرآن و روش سید المرسلین (ص) پیروی میشود. و برای این عقد اجتماعی است که زن و مرد داخل یک قرارداد اجتماعی میشوند و در مقابل هم مسئولیت دو جانبهٔ قانونی دارند. همچنان مجلس نکاح بسیار با فضیلت است زیرا پیشوای اسلام، شخصِ خودش دختر گرامی اش را به عقد حضرت علی کرم الله وجهه در آورده است .پس باید در بهترین محل صالون پذیرائی و یا محل مناسبی با رعایت استعداد مالی طرفین ،عقد

ترتیب گرفته شود و زن و مرد، مخصوصاً جوانان دعوت شوند تا به جریان آن گوش فرا دهند و ازین مجلس خجسته مستفید گردند.

تا وقتیکه هر دو جانب مسئولیت های خود را در مقابل همدیگر بدانند و به آن عمل کنند نکاح شان مقبول است و اگر دوام مزاوجت به یکی غیر قابل تحمل شود (که صفحات بعدی تشریح می کنیم) مرد حق دارد طلاق دهد و زن نیز حق دارد طلاق خود را بخواهد که آنرا خُلع گویند. از همین لحاظ قرارداد ازدواج را در زبان عربی "کتاب" می گویند[1]. چیزیکه کتابت منحیث یک قرار داد در آن صورت میگیرد. طور مثال نفقه در اثر تفاهم جانبین بالای مرد است اگر در دادن نفقه مرد عاجز و مقصر گردد، زن حق دارد طلاق بخواهد . و یا طور مثال یک مسئولیت زن تربیه سالم و اسلامی اولاد در کنار و با همکاری شوهرش است. اگر شوهر احساس کند که این همکاری صورت نمی گیرد و در طول روز که برای نفقه در بیرون کار میکند و اولادش از تربیه اسلامی محروم مانده است حق دارد زن را طلاق گوید.

در جامعهٔ غربی زن و مرد مسلمان میتوانند که در مرکز شهرداری شهر محل اقامت شان زن و شوهر شوند تا مزاوجت شان نزد مقامات دولتی ، رسمی حساب شود و اما سوال درین است وقتیکه در نزد قانون رسمی کشور که زندگی دارند زن و شوهر ثبت شده اند ، پس چرا بازهم باید مطابق سنت اسلامی نکاح کنند؟

زن و مرد مسلمان به استناد شرع اسلام عقد می کنند برای اینکه در هر کشور که باشند باید زندگی خانوادگی شان به اساس اسلام باشد. زیرا خانواده مهم ترین هستهٔ یک جامعه و زندگانی اسلامی است با اینکه در

---

[1]   قانون اسلامی اثر Mawil Izzi Dien ، متن انگلیسی، صفحه 15. دستگاه طباعتی یونیورسیته نوتر دام ، ایالات متحده امریکا، سال 2004.

کشور مسلمان اقامت نداشته باشند و اساساً اسلام در محیط خانواده شروع شد. زمانیکه حضرت رسول کریم (ص) اولین وحی را گرفت ، به خانواده خود آمد و آنرا به همسرش بی بی خدیجه کبرا خبر داد و بی بی خدیجه کبرا اولین فرد واولین زن در تاریخ اسلام است که بی دغدغه اسلام را قبول کرد و به رسالت محمد (ص) ایمان آورد و اقتدا کرد. پس هستۀ اساسی زندگی و ایمان به خدا و زیربنای رُشد فرهنگی اسلامی خانواده است.

از آنجائیکه قانون اسلام باید در خانواده پا بر جا باشد اگر یکی از طرفین از قانون اسلام خارج میشود باید در اول به همدیگر امر معروف کنند. در خانواده اسلامی زن و مرد مسلمان در مقابل همدیگر مسئولیت اخلاقی مشترک دارند. وقتیکه قرآن مجید به وضاحت می گوید "زن لباس مرد است و مرد لباس زن است" و پیامبر کریم (ص) می فرماید: "مرد شبان است در اهل خود و مسئول رعیت خود و زن شبان است در خانه شوهر و مسئول رعیت خود"؛ پس زن و مرد نه تنها که در خانواده حقوق مساوی دارند ، مسئولیت مشترک هم دارند. طور مثال اگر مرد از قانون اسلام خارج میشود و مشروبات الکهلی صرف میکند ، زن حق دارد او را امر به معروف کند یعنی متوجه بسازد که این عملش مغایر احکام اسلامی است. و یا اگر زن از اخلاق یا حکم اسلامی پیروی نمی کند مثلاً لباس بی ستر و نادرست می پوشد شوهر باید او را امر به معروف کند که مراتب آن در قرآن مجید تذکار رفته است که در بخش طلاق تشریح خواهیم کرد

دلایل نکاح در اسلام

هیچگاه زن و مرد مسلمان به همدیگر حلال نمی شوند تا نکاح صورت نگیرد. پس اولین دلیل عمدۀ نکاح، حلال شدن زن و مرد به همدیگر است. دوم: نظر به آیه قرآن مجید " زن لباس مرد است و مرد لباس زن" (سوره بقره آیه 187) که این آیه در باب خانواده است. زن و مرد مسلمان آبرو و عزت ، پشتیوانه و حامی ، دوست و همراز و دلسوز

71

همدیگر هستند. همچنان از نگاه قانون خلقت هیچ زن و مردی به تکامل انسانی نمی رسند تا ازدواج نکنند. زیرا زن و مرد در اسلام مکمل همدیگرند. تماس نزدیک با جنس مخالف از طریق نکاح انسان را به شناخت خودش وا میدارد. تماس نزدیک با جنس مخالف ، انسان حقیقت خلقت را درک میکند. و از نگاه اجتماعی خانواده جامعهٔ کوچک است و با بنیان نهادن خانواده مرد و زن مسلمان ، رسم زندگی اجتماعی را که عبارت از تسلسل نسل بشری ، انسجام در امور ، سازمان دهی مراتب اصول زندگی ، صفت رهبری، اقتصاد و روابط باهمی را می آموزند.

سوم: از دید علمای کرام فرزند صالح به وجود نیاید مگر با نکاح[2]. دلیل این مطلب این است که چون همه خلقت از آن خداوند است ، پس خداوند برای جمیع مخلوقات خود قانون و اصول گذاشته است و قانون تولید نسل آدمی از طریق نکاح است. همچنان با نکاح نه تنها که پایهٔ یک زندگی اسلامی را مسلمان بنیان می نهد، در عین زمان قانون خدا را در زمین منحیث خلیفه آن ذات الهی پیاده می کند.

چهارم: با نکاح دامن فحشا از جامعه بر چیده میشود. زنا، نه تنها مغایر اخلاق انسانی است و برباددهی کانون خانواده است، در عین زمان خلاف قانون خداوند است . فرد مسلمان ، خانوادهٔ مسلمان ، جامعهٔ مسلمان وقتی متزلزل میشود که خلاف قانون خداوند اقدام کند. اسلام در حالیکه زنا را حرام دانسته و شدیداً آنرا تقبیح میکند روابط جنسی بین زن و مرد را از راه مشروع یعنی نکاح نه تنها مجاز دانسته بلکه زنان و مردان را بحیث جفت باساس مناکحه به داشتن روابط جنسی اجازه میدهد. قرآن مجید درین زمینه می فرماید: " زنان شما کشتزار شما هستند. پس از هر جا و هرگونه

---

2   کیمیای سعادت اثر ابو حامد محمد غزالی طوسی متوفی 505 هجری قمری، جلد اول به کوشش حسین خدیوجم. از انتشارات شرکت علمی و فرهنگی ایران.

که خواهید به کشتزار خود در آیید ، و پیش فرستید برای خویش (یعنی اعمال صالحه را) و بترسید از خداوند و بدانید که به لقای او خواهید رسید و مژده بده (به این لقاء) مومنان را. (سوره بقره آیه 223).مخالفین اسلام «کشتزار» را یک توهین به زنان میدانند. هدف از «کشتزار» تکثیر نسل است. ثمرهٔ ازدواج برای کثیر مردم فرزندان شان است. درین جا مرد صفت یک دهقان را دارد و دهقان هیچ کاری از دستش بر نه می‌آید تا زمین حاصل‌خیز نداشته باشد. پس دهقان خوب و لایق کشتزار خود را نه تنها خوب پرورش میدهد آنرا به وجه احسن نگهداری میکند تا ثمرهٔ درست از آن حاصل کند.

پنجم: از دید اسلام، مسلمان نظر به قانون اسلام به دنیا می آید زیرا قانون خداوند (ج) و قانون طبیعت در اساس یکی است و قانون طبیعت تابع قانون خداست ، باید با قانون خداوند(ج) زندگی کند و با قانون خداوند (ج) این جهان را ترک می گوید. بنابرین با نکاح کردن مسلمان قانون خداوند (ج) را که برای اصول سعادت نسل بنی آدم وضع شده در زمین پیاده می کند. ازین جاست که پیامبر کریم (ص) فرموده است که: مسلمان با نکاح نصف دین خود را تکمیل میکند.

کسانی که نکاح با ایشان روا نیست

از آنجائیکه خانواده جامعهٔ کوچک است بی نهایت مهم است که اعضای این جامعه از کسانی ساخته شود که مشکلات فیزیولوژیک را برای بقای نسل و همچنان برای صحت و سلامتی و روح و روان کامل انسانی به بار نیاورد.[3]

---

[3] . قرآن کریم یک عده کسان را که در اثر اختلاط DNA بحساب دانش امروزی میتواند نظم روحی ، اخلاقی و فیزیولوژیک خانواده را بر هم زند، نکاح را با ایشان حرام حکم کرده است. دیگر دلایل منع نکاح جنبهء اجتماعی دارد.

توجه داشته باشیم که مجموع خانواده های مسلمان جامعه اسلامی را میسازد. ازینرو روح و روان و سلامتی جامعه بستگی دارد به افراد سالم که جامعه را میسازد و این سلامتی اولی سلامتی جسمی است که از ازدواج سالم به وجود می آید.

قرآن عظیم الشان ازدواج با این کسان را در سوره نسأ آیه 23 حرام حکم کرده است: تفسیر متن آیه:

" نکاح اینان بر شما حرام شده است ؛ مادرانتان ، و دخترانتان ، و خواهرانتان ، و عمه هایتان ، و خاله هایتان و دختران برادر ، و دختران خواهر ، و مادر هایتان که به شما شیر داده اند ، و خواهران رضاعی شما، و مادران زنانتان ، و دختران همسرانتان از شوهران دیگر که [آنها دختران] در دامان شما پرورش یافته اند و با مادران شان همبستر شده اید- پس اگر با آنها همبستر نشده اید بر شما گناهی نیست [که با دخترانشان ازدواج کنید] - و زنان پسرانتان که از پشت خود شما هستند ، و جمع دو خواهر با همدیگر (به نکاح گرفتن دو خواهر در یک وقت)- مگر آنچه در گذشته (دوره جاهلیت) رخ داده باشد- که خداوند آمرزنده مهربان است."4

_____

4   از آیه فوق دو موضوع عمده را میتوانیم به ارتباط مطالعات امروزی استنباط کنیم. اول اینکه چنانچه در بالا تذکار رفت قرآن مجید پدیده علمی DNA را که عبارت است از Deoxyribose Nucleic Acid در تولید نسل و بقای سالم نسل بشر از نگاه ارثی مد نظر گرفته ، که این خود باساس علم امروزی بشر نه تنها بر علاوه دلایل دیگر که در تفاسیر قرآن عظیم الشان آمده است ثبوت محکم در حقانیت قرآن است بلکه شاهد روش در علمی بودن قرآن می باشد(بر علاوه دیگر مشخصات کلام الله مجید). دوم موضوع بانک شیر انسانی است که در اروپا و امریکا مطرح است که استفاده آن برای مسلمانان حرام و برای غیر مسلمانان از نگاه جینیتیک نباید مجاز باشد زیرا همه مردم را خواهر و برادر همدیگر میسازد و در نتیجه بقای سالم که در فطرت بشری است برهم می خورد. بانک شیر مانند بانک خون است که شیر زنان مختلف را با تکنالوژی عصری برای ضرورت اطفال نوزاد نگهداری میکنند. برای فتوای حرام بودن آن و دیگر مسایل شیر خوارگی لطفأ رجوع کنید با کتاب "خانواده در اسلام" اثر استاد فضل غنی مجددی منتشره 2002 عیسوی.

همچنان در همین سوره آیه مافوق آن می خوانیم که " و با زنانی که پدرانتان به ازدواج خود در آورده اند ، نکاح مکنید ؛ مگر آنچه که پیشتر (دوره جاهلیت) رخ داده است ، چرا که آن ، زشتکاری مایه دشمنی ، و بد راهی بوده است." (سوره نساء ، آیه 22). در آیات فوق قرآن چهارده صد سال قبل موضوع ژینیولوژی و یا نسل شناسی را مطرح میکند

برای استحکام خانواده از دیدگاه توحیدی از یک طرف و برای بقای خانواده و عدم تزلزل فکری و اعتقادی و همچنان نشر و پخش زندگی متمدن که بر اساس فرمان مکمل و آخری الهی باشد ، از جانب دیگر ، اسلام نکاح با کافر ، مشرک و زندیق را حرام دانسته است که (جز آنکه مشرف به اسلام شوند) این نظر به فتوای علمای کرام عصر حاضر شامل مردم بهایی و قادیانی میباشد و این دو فرقه کسانی را مقام پیامبر میدهند[5]. در عین زمان نکاح مرد مسلمان را با زنان اهل کتاب حلال و نکاح زن مسلمان را به خاطر ثبات خانواده اسلامی ، تربیه اولاد مسلمان و جلوگیری از به عقب گشتن از راه توحید و خداشناسی حرام دانسته است. قسمیکه میدانیم ازدواج از نگاه جامعه شناسی یک پدیده اگزوگامی (Exogamy) است یعنی دختر از محیط خانوادهٔ خود خارج میشود و داخل خانوادهٔ همسر میشود. اسلام دین پیشرفت است نه پسرفت. اگر دختر مسلمان با اهل کتاب ازدواج کند همان است که از محیط توحیدی که از بزرگ شده خارج شده و داخل یک محیط غیر تکامل یافتهٔ توحیدی میشود. یکی از دلایل عمده حرام بودن ازدواج دختر مسلمان به غیر مسلمان از نگاه جامعه شناسی همین است و در حالیکه یک دختر اهل کتاب میتواند با مرد مسلمان نظر به آیه پنجم سوره مائده ازدواج کند زیرا او از محیط غیر تکامل یافته توحیدی داخل یک محیط تکامل یافته توحیدی میشود. یعنی اندو کامی (Endogamy) صورت میگیرد. برای مطالعات بیشتر حقوق زن و مرد

---

5   برای فتوای علمای کرام عصر حاضر رجوع شود به کتاب "خانواده در اسلام" اثر استاد فضل غنی مجددی منتشره 2002 مسیحی.

در اسلام ، لطفاً رجوع کنید به اثر این نویسنده به زبان انگلیسی تحت عنوان تساوی جنسی در اسلام (Gender Equality in Islam) منتشره سال 2002 . در عین زمان در دین یهودیت عَمو می‌تواند با برادر زاده نکاح کند. قرآن مسایل تبار شناسی (ژنتیک) را در قسمت ازدواج عِلمی مطرح میکند. یک دلیل که ما ادیان گذشته را غیر تکامل یافته می‌گویم همین است که تذکر داده شد. قابل تذکر میدانم که از دید جامعه شناسی خانوادگی اسلامی ازدواج مرد های مسلمان را با اهل کتاب از نظر مصلحت کودکان نباید تشویق کرد زیرا زنان نا مسلمان آمادگی و صلاحیت آنرا ندارند فرزندان مسلمان را تربیه کنند. اگر زن مسلمان شود، آنگاه امکان دارد خود را برای تربیت فرزند مسلمان آماده کند. این مطلب از نظر مصلحت خانواده و جامعه اسلامی مهم است زیرا مادر در فرهنگ انسان ساز اسلامی سرچشمهٔ فرهنگ است چنانچه پیامبر کریم (ص) فرموده است:" بهشت زیر پای مادران است."

در باره منع ازدواج مردان نا مسلمان با زنان مسلمان باید گفت که اگر مردی به یک زن ارزش قایل است باید به ارزش دین آن زن نیز ارزش قایل و مسلمان شود. آنگاه ازدواج جایز می شود. ارزش ندادن به دین طرف مقابل که مکمل ادیان سماوی است نشان نقصان اراده است که نمی تواند پایه ازدواج شود. همچنان دلیل که مردان غیر مسلمان باید مسلمان شوند این است که آنها سرپرستی خانوده را بدوش می گیرند. رئیس خانواده می‌شوند و در مقابل همسر و اولاد مسئولیت اسلامی دارند. این است طرز دید دانشمندان مسلمان.

همچنان باید یاد آور شد که در کشور های غربی امروز مرد با مرد و زن با زن نکاح میکند. این عمل در اسلام حرام است زیرا مغایر قانون طبیعت است و همچنان لواط را اسلام حرام دانسته است

امروز در جامعهٔ غربی یک عده دختران آرزو دارند تا با اهل کتاب

از دواج نمایند. قسمیکه تذکر داده شد. مطالعات این نویسنده در جامعهٔ آمریکایی دلایل اینکه دختران مسلمان آرزومندی ازدواج را با اهل کتاب میکنند و آرزو میکنند که مرد مسلمان شود این است :

اول اکثر دختران مسلمان بعد از هجرت تحصیل یافته تر از پسران شده اند. دختران آرزو دارد که با یک شخص تحصیل یافته ازدواج کند و چون مرد جوان تحصیل در کتله خود شان کم است ، رو می‌آورند به جوانان غیر مسلمان تحصیل یافته و آن‌ها را به اسلام دعوت میکنند.

دوم عقاید و بینش دختر مسلمان بسیار کم است و مفردات دینی خود را نه می‌داند و نه می‌تواند درک کند که ازدواج با غیر مسلمان غیر شرعی است و در فضای سکولریستی بزرگ شده است ، برایش فرهنگ اسلامی مرد جوان مطرح نیست که داشته باشد و یا نداشته باشد

سوم به گفتهٔ مشهور عشق کور است . من می‌گویم عشق کور نیست و اما کور میسازد زیرا احساسات آدمی بر منطق او غلبه می کند. این حالت است که بسیاری خانواده‌های مسلمان را در دو راهی ایمان و اولاد قرار میدهد که برای یک عده زیاد خانواده‌ها قبول این مساله که دختر شان یک غیر مسلمان را ازدواج کند بسیار مشکل است .

نکاح خورد سال در عصر حاضر غیر قانونی است

آنانیکه دین را به مردم تبلیغ میکنند ، در قرن بیست و یکم زیر نام شریعت و اسلام ازدواج دختران خرد سال را با مردان بزرگسال شرعی دانسته و راه را برای مردان شهوت پرست باز کرده است.

ماهنامه فقه ، که در شمال ایالت کلیفورنیا به نشر می‌رسد ، در شماره ماه جون2011 مضمونِ دارد زیر عنوان «در بارهٔ تعیین سن ازدواج در فقه اسلامی» . این مضمون که اساساً به جواب سیکولریست ها به رشته قلم

آمده است که همیشه قوانین اسلامی را مورد تاخت و تاز قرار میدهند، در تلاش خود ناکام مانده است .

این را همه میدانیم که در اسلام در زمان نکاح سن مطرح نیست زیرا یک موضوع بین زن و مرد بالغ و به سن رشد رسیده میباشد نه کودکان. آنانیکه مسایل روز را مد نظر نه میگیرند ، ازدواج دختران خرد سال در عصر حاضر است و آنرا به دوش پدر و پدر بزرگ قبل از مرگ گذاشته است. از یک سو اسلام نکاح را حق مسلم زن و مرد میداند یعنی حق تصمیم از زن و مرد است، از جانب دیگر مقاله موضوع ازدواج دختران خرد سال را بالا میکند که خلاف موازین حقوق بشر و اخلاق مدنی امروز است. دوم اینکه این عده موضوع بلوغ را یک مسأله جسمی دانسته نه عقلانی. یعنی امکان دارد که یک دختر به سن بلوغ از نگاه جسمی برسد و اما از نگاه عقلانی به سن بلوغ نرسیده باشد. اشتباه مقاله این است که کلمه «رُشد» را که در آیه ششم سوره نسأ آمده است ، رُشد جسمی تفسیر کرده است. در حالیکه رُشد در آیه مذکور عقلانی هم است. مقاله در مورد، حدیثِ از پیشوای اسلام (ص) که مرجع دوم در قانون اسلامی است پیشکش خواننده نکرده است و به نظر فقها اتکا کرده است که امروز جوابگوی نیازمندی های بشری در بسیاری موارد نیست.با اینکه در مضمون میخوانیم که "..معاملات مدنی و خانوادگی یکسر نصوص «نرم» است که در عصر و هر مکان، از جانب صاحب نظران اهل فقه، قابل اجتهاد و ترجیح و زیادت و نقصان میباشد " . پس وقتی که چنین است و در عصر حاضر نکاح دختر خرد سال صوابدید روزگار نیست چرا همچو موضوع بالا میشود؟ این را می‌توانیم قبول کنیم که از نگاه جنسی افراد تفاوت دارد و یک دختر و پسر در سینین پائین احتیاجات شهوانی میداشنته باشند و آیا راه حل همین است که دختر خُرد سال را، نظر به حکم مقاله، پدر بزرگ ، دستش را به دست شخصی دهد که «به نظر خود مناسب میداند»؟ مگر همین فتوا که نه اساس قرآنی دارد و نه حدیثی در مورد از پیشوای بزرگ اسلام (ص) در دست است، باعث

بدبختی هزاران کودک معصوم و پاک ما نشده است که دختر خرد سال را به مرد پنجاه ساله عقد کرده اند؟ درست است که سن در ازدواج مطرح نیست اما این موضوع برای آنان است که به سن قانونی رسیده اند ، نه خرد سالان که کودک دوازه ساله را با مرد پنجاه ساله به خانه بخت فرستاد. بسیار جای شرم است که ما امروز مقالاتِ را میخوانیم که نه تنها اسلام را مضحک جلوه میدهد بلکه یک طبقۀ جامعه را که اناث باشد به استثمار فرد از فرد میکشاند .

مضمون ارگان معلم در آمریکا که ماهنامه فقه آنرا به نشر سپرده ، در شروع از حقوق زن در اسلام سخن میگوید و مینویسد « زن مسلمان در تاریخ اسلام زندگانی اسلامی خود، هیچگونه مشکل   نداشت». مشکل داشت و دارد و اما ما آن را انکار می کنیم.و مشکل زن مسلمان را پوشیده نگه داشته‌ایم و با طرزدید دین قومی هرگز نخواستیم که زن مسلمان در کنار مرد مسلمان یک‌جا از نگاه حقوق مدنی بایستد. امروز زن مسلمان به خاطر بی‌عدالتی در افغانستان خودش را آتش می‌زند و ما می گویم که مشکل ندارد. زن مسلمان در بین توده های مردم مسلمان از پسمانده ترین و بیسواد ترین است در حالیکه پیشوای اسلام (ص) آموختن علم را برای مرد و زن مسلمان فرض گردانیده است. ما می‌گوئیم که زن مسلمان مشکل ندارد. زن مسلمان در زادگاه اسلام حق رانندگی را ندارد و زنان سعودی از حقوق خویش دفاع میکنند و ما می‌گوئیم مشکل ندارند. زنان در افغانستان بدون ثبوت جرم سنگسار می‌شوند وما می‌گوئیم که مشکل ندارند. زنان در کشور های اسلامی حق طلاق گرفتن را ندارند و ما می‌گوئیم که مشکل ندارند

اول ازدواج کودک خرد سال چه دختر باشد چه پسر باشد در هیچ یک از جوامع امروزی قابل قبول نیست پس آنانیکه ادعا میکنند که دختر خرد سال با در نظرداشت شرایط میتواند نکاح کند ،از قافله تمدن بشری به دور هستند. دوم اینکه فرض محال یک دختر خرد سال که به نظر این ها

به سن بلوغ رسیده است و خودش آرزو دارد برای رفع احتیاجات جنسی ازدواج کند ، راه حل این نیست که پدر بزرگش دست او را به دست شخصی دیگری دهد. راه حل این است که در صورتی که هیچ یک از اعضای خانواده مانند پدر، مادر، عمو، برادر مادر، عمه و خاله وجود نه میداشته باشند ، وکیل دختر حکومت اسلامی است (رجوع شود به احیأ علوم الدین بخش نکاح) تا مراتب اعاشه هردو را فراهم کند و در عین زمان ایشان را به آموزش و پرورش تشویق کند و شرایط را برای شان مهیا سازد. و مهمتر اینکه دختر خودش برای خود تصمیم گیرد نه اینکه دیگران برایش تصمیم گیرند. نکاح از نکح آمده است و یک قرارداد میباشد که از دو جانب بسته میشود و یک‌جانبه نه می باشد. دختر و پسر باید هر دو موافق باشند. در صورت عدم موجودیت والدین و اقارب، این مسئولیت به دوش دولت است تا از یتیم حمایه و پاسداری کند نه اینکه دختر را برای اینکه از دام «ددمنش» نجات داده باشیم به دست یک مرد پنجاه ساله دهیم. که این بی‌عدالتی به خاطر همین فتاوی بی‌اساس و شرم آور در کشور ما هر روز اتفاق می افتد.

ارکان نکاح

ضرورت های نکاح و ارکان آن عبارت اند از حضورزن و مرد (جز در صورت وکالت) و رضایت زن ، شهادت شاهدین ، تثبیت مهر توسط زن ، ایجاب و قبول، قرائت خطبه نکاح توسط متکفل عقد نکاح.

اول حضور زن و مرد در مجلس عقد

در مجلس عقد ، چون زن و مرد داخل یک قرار داد میشوند ازین لحاظ حضور هر دو در مجلس عقد ضروری است. در گذشته با اینکه روی گیری زن در اسلام مجاز نیست (و زن حق دارد با داشتن حجاب کار کند ، تجارت کند و داخل قرار داد های اجتماعی شود) اما در وقت عقد زن حضور نمی داشت و وکیل وی، از وی وکالت میکرد. این عمل نگذاشتن

زن در عقد نکاح نه تنها عملاً پایمال نمودن حقوق زن است در عین حال
وکیل به خود حق داده تا هر چه فیصله کند باید همان باشد. یعنی وکیل زن
بدون اینکه زن خبر داشته باشد مَهر وی را تعین نموده و زن را به
صلاحیت خود بدون اجازهٔ او، در عقد یک مرد داخل ساخته که این اعمال
خلاف شرع و حقوق و منافع زنان میباشد و داستان های زیاد از ین قبیل
در کشور ما افغانستان اتفاق افتاده است. امروز هیچ متکفل عقد نکاح نباید
محفل عقد را دایر کند تا آنکه زن حضور نداشته باشد. از نگاه شرع
حضرت بی بی فاطمه زهرا (رض)در عقد نکاح خود در حضور پدر
بزرگوارش محمد (ص) حاضربود. پس نبودن زن در عقد نکاح غیر
شرعی است.در زندگانی عصر حاضر ، حضور وکیل در صورتِ
ضروری است که عروس در شهر نباشد. طور مثال عروس برای آموختن
علم در یک شهر و کشور دیگر است و اشتراک در عقد نکاح برایش از
نگاه ضیقی وقت مشکل است. درین صورت پدرش از وی وکالت میکند.
بسیار موزون خواهد بود که عروس و یا داماد اگر در عقد نکاح حضور
به هم نه می رسانند ، از طریق اِسکایپ در مجلس سهم گیرند مشروط بر
اینکه قبلاً با هم از نزدیک دیدار کرده باشند و تفاهم گلی در مورد ازدواج
صورت گرفته باشد .

تحقیقات دامنه دار نشان میدهد که سن حضرت بی بی عایشه (رض) در
وقت نکاح شانزده و یا بالا تر بوده است.(24) پس در قرن حاضر نمیشود
دختران صغیر را مانند هزار سال قبل به نکاح شخصی داخل کرد. با کمال
تأسف مذهبیون به مطالعات و تحقیقات جدید علاقمندی ندارند و این
تحقیقات جدید برای شان یک «نظر» است نه اینکه از آن « استقبال کنند
و روش خود را تغییر دهند. زیرا اگر یک حدیث صحیح بخاری تغییر کند
همان است همه کتاب باید دوباره بررسی شود و مذهبیون هرگز حاضر
به این کار نه میشوند و نتیجه اینکه جامعه به خرافات زندگی میکند.
درعین حال ما در دهکدهٔ جهانی شامل پیمان های حقوق بشر هستیم و نباید
دین را درین قرن بیست ویکم مضحک جلوه دهیم زیرا نکاح صغیرخلاف

موازین حقوق بشر است. حضرت رسول کریم (ص) فرموده است که هیچ کس نمی تواند دختر باکره ، زن بیوه را بدون اجازه اش در عقد کسی داخل کند. دختر باید در عصر حاضر خودش تصمیم گیرد نه اینکه برایش تصمیم گرفته شود. نکاح سنت است نه فرض و امروز بسیار مهم است که جوانان دختر و پسر راه آموزش و پرورش را در پیش گیرند. زمانیکه جوانان ما تحصیل کرده شدند ، میتوانند تا کودکان مثمر در جامعه تقدیم کنند. یکی از دلایل بیسوادی در جوامع اسلامی این است که ، با اینکه زیر بنای اسلام عِلم است و اما کمترین توجه به آموزش و پرورش صورت میگیرد. پس والدین باید از خورد سالی کودکان شان را به تعلیم و تربیه تشویق کنند تا زن و مرد مسلمان در آیندهٔ زندگی شان نه تنها استقلال فکری داشته باشند و برای خود در همه امور تصمیم گیرند بلکه استقلال اقتصادی داشته باشند. هدف از بلوغ در قرآن تنها نموی جسمانی نیست بلکه نموی فکری است تا دختر و پسرخودش بتواند تصمیم گیرد. در جامعهٔ ما پسران هم بدبخت شده‌اند برای اینکه برای شان تصمیم گرفته شده است .امروز هزاران هزار دختر خورد سال به خاطر تعبیر نادرست شرع و عدم توجه به زمانِ که ما زندگی میکنیم ، بد بخت شده اند. در جهان امروز این عمل بی نهایت مضحک ، مغایر حقوق بشر و کرامت انسانی است و به نام « تجاوز به کودکان» مسمی شده است. پس اینکه در گذشته فتوی داده‌اند که یک دختر یتیم را وکیل او میتواند در نکاح یک شخص صالح داخل کند، باطل است و در جهان امروز جنبهٔ قانونی و اخلاقی ندارد. حدیث و سنت پیشوای اسلام (ص) مصدر دوم شریعت است اما یک حدیث که حکم کرده باشد که نکاح صغیر روا است در دست نیست. همچنان سنت مقید به زمان و مکان است و اما حدیث پیشوای اسلام مقید به زمان و مکان نیست. طور مثال در زمان پیشوای اسلام (ص) برای دفاع خندق حُفر میکردند که این یک سنت حربی است و اما امروز حفر خندق کار ما را حل نه میکند. اما گفتار آن حضرت (ص) مقید به زمان و مکان نیست. طور مثال آموختن علم برای مرد و زن مسلمان فرض است. این حدیث نا جهان باقی است از اهمیت خود

برخوردار است . در مورد نکاح صغیر یک حدیث در دست نیست و از روی یک سنت که امروز ثابت شده است که غلط است و اشتباهاً در متون دینی ما داخل شده است جامعهٔ نسوان باید زجر کشد.

دوم پدر وکیل (وکالت نکاح)

پدر وکیل یعنی وکیل پدر. در صورتِ دختر پدر وکیل میداشته باشد که پدرش غائب باشد یعنی پدر در مسافرت باشد ، پدر مفقود باشد ، پدر نهایت مریض و یا مختل العقل باشد یا نتواند در مجلس عقد حضور به هم رساند و یا پدر فوت کرده باشد. در صورتیکه پدر در مجلس عقد حاضر باشد ، پدر وکیل ضرورت نیست چنانچه حضرت رسول کریم (ص) وکیل دختر خود بی بی فاطمه زهرا در مجلس عقد دخترش حاضربود.

در صورتیکه پدر حضور نداشته باشد ، اشخاص ذیل میتوانند وظیفهٔ پدر وکیل را به عهده بگیرند تنها در صورتیکه در حضور متکفل عقد، موارد عقد را دختر تصدیق نماید. یعنی پدر وکیل چنانکه گفتیم حق ندارد از خود تصمیم بگیرد.اول برادر بزرگ. اگر او نبود عَمو و اگر او هم نبود ، عروس حق دارد تا با تقوی ترین و داناترین شخص را از مجلس انتخاب کند و اگر چنین شخصی هم نبود رئیس جمهور یک کشور و یا پادشاه مملکت با اینکه حضور ندارند قانوناً از حقوق دختر حمایه و پشتیانی می کنند. (برای مطالعات کامل نکاح در اسلام لطفأ رجوع کنید به احیأ علوم الدین اثر امام غزالی علیه الرحمه). با اینهم ، نظر به فقه حنفی دختر جوان آزاد که به سن قانونی از نگاه اسلام سن شانزده و قوانین غربی به سن هژده رسیده باشد حق دارد بدون وکیل عقد خود را قبول کند .

برای یک زن بیوه و یا یک زن طلاق شده و یا دختر باکره که خودش از حقوق خود بتواند دفاع کند و در مجلس حضور به هم رساند ، پدر وکیل ضرورت نیست و قانون اسلامی کشور در دیار اسلام حامی حقوق وی است. و اکنون بیش از بیش دختران بصورت عملی در ایجاب و قبول

شخصاً اشتراک می کنند.

ولی (ولایتِ نکاح)

ولی نکاح تنها از اقارب نزدیک زن و یا دختر است مانند پدر ، برادر و یا عمو که این اشخاص میتوانند وظیفه وکیل را اجرا کنند. دختر جوان و باکره به وجود ولی چنانچه در مورد پدر وکیل اشاره شد ضرورت ندارد . به هر حال مرد باید از روی رعایت آداب و حفظ حرمت از خانواده اش اجازه گیرد. این اجازه بدین معنی نیست که خانواده دختر به خاطر زبان، قومیت، مذهب (سنی و شیعه) مسایل فقهی و یا سطح طبقات اجتماعی اجازه ازدواج را ندهند. چنانچه یک مساله خانوداگی به من راجع شده بود که چون دختر و پسر از دو قوم افغانستان بودند خانوادۀ دختر در ازدواج دختر شان مخالفت میکرد با اینکه هر دو خانواده مسلمان بودند. هدف از اجازه در قرآن مجید قرار ذیل است:

اول- مرد مشرک و کافر نباشد

دوم- مرد فاسد نباشد. طور مثال مشروب نوش و قمار باز نباشد

سوم- اطلاع داشته باشند که مرد تکلیف عقلی و عصبی نداشته باشد.

چهارم- قادر باشد تا مَهر و نفقه را بپردازد که آنهم در اثر تفاهم به نتیجه رسیده باشند.

موضوعاتِ مانند نفقه ، میراث، مَهر و سود که در قرآن مجید ذکر به عمل آمده است همه جنبه‌های نسبی و مصلحی دارد. اول اینکه مواد فوق برای همه یکسان نیست و از شخص به شخص متفاوت است. طور مثال اصول خاص و مطلق برای مَهر نیست که همه به یک نوع و یا جنس و یا مبلغ پرداخت کنند. هر کس نظر به توان خود مَهر را می‌پردازد . دوم اینکه عروس حق دارد از مَهر و یا نفقه صرف نظر کند. زن حق دارد اظهار کند که من به نفقه احتیاج ندارم و اما آرزو دارم نکاح کنم و یا از مَهر خود صرف نظر کند و یا چون در نکاح شروط مطرح است میتواند اظهار

کند که اگر در آ ینده خوش نبود ، طلاق خواهد گرفت. همچنان مواد فوق موضوعات اقتصادی است و موضوعات اقتصادی نظر به شرایط زمان تغییر پذیر است. می‌شود که در کشور جنگ باشد و نفقه به شکل قبلی آن مع الاجرا نباشد. می‌شود که مرد بیکار شود و کارش را از دست دهد. می‌شود که مرد در اثر مسایل سیاسی زندانی شود چنانچه هزاران مرد بی‌گناه کشور ما راه زندان های کمونیستان شدند ، آیا زن طلاق گیرد؟ یا سرپرستی خانواده اش را در غیاب شوهرش به عده گیرد؟ چنانچه هزاران زن با ایمان و با شهامت کشور افغانستان مسئولیت خانواده‌های شانرا در زمان ظلم کمونیزم به عده گرفتند. همه امور اقتصادی در آزمون زمان و مکان قرار دارد و تغییر پذیر است . طور مثال سود حرام است و اما در آمریکا برای آنکه مردم یک سرپناه داشته باشند ، مجبور شدند خانه را به سود خریداری کنند و حتی مسجد در آمریکا به سود بانک آباد شد.

سوم ـ شهادت شاهدین

در افغانستان عموماً رواج بود که چهار شاهد در عقد حضور به هم می رسانید. دو شاهد عقد و دوشاهد معرفت. این برای این بود که زن حق نداشت در عقد خودش حضور به هم رساند و عموماً شاهدین معرفت از اعضای خانواده می بودند. در اصل شریعت دو شاهد مرد است (رجوع شود به احیاءعلوم الدین ، بخش نکاح) و همچنان، میتواند، چون مسأله کتابت مطرح است، در حضور دو شاهد زن و یک شاهد مرد هم نکاح صورت گیرد.

شاهدین باید عاقل و بالغ باشند و متکفل عقد نکاح فسق و فجور شاهد را به چشم ندیده باشد. قابل تذکر است که عدالت شاهد در نزد امام ابو حنیفه علیه الرحمه مطرح نیست و هر کس میتواند شاهد شود. همچنان سن و سال شاهدین باید به سن و سال عروس و داماد نزدیک باشد. مرگ و مُردن مردمان به دست خداوند است و هیچ کس از روز رفتن خود آگاهی ندارد و اما از نگاه علم احتمالات اگر سن و سال شاهدین با عروس و داماد

تفاوت زیاد میداشته باشد ، مثلاء داماد بیست و پنج ساله است و شاهد هفتاد
ساله ، خواه مخواه احتمال فوت یک شخص هفتاد ساله زیاد تر است نظر
به شاهدی که سن وی بیست و پنج باشد. در صورت وقوع طلاق و یا
کدام موضوع دیگر بعضی وقت ضرورت میشود تا شاهدین حضور داشته
باشند. سوال همین است که چرا شاهد باید تعیین شود؟ برای اینکه نه تنها
در حال حاضر بلکه در آینده شهادت دهند که این زن و مرد زوج همدیگر
هستند و همچنان دختر در عقد کسی دیگر نیست. یا شهادت دهند که از
نظر شرع کدام مانعی وجود ندارد تا باعث عدم عقد گردد. مثلا شاهد باید
شهادت و اخطار دهد که مرد یا زن دیوانه است و یا دیوانه نیست. اگر در
آینده اتفاقات رخ میدهد که شاهدین خبر داشته بوده باشند و در وقت نکاح
ابراز نکردند ، آنها مسئول میباشند. باید به شاهدین خاطر نشان گردد که
شهادت دروغ گناه کبیره است و در نزد قانون و خداوند مسئول خواهند
بود. شاهدین باید شهادت دهند که عروس و داماد را می شناسند تا مساله
معرفت در جریان نکاح طرح شده باشد. در سوره بقره آیه 283 آمده
است است که شهادت را کتمان نکنید. بنابرین در روز دعوی باید شاهدین
بر واقعیت نکاح شهادت دهند. شخص متکفل عقد نکاح باید پیش از پیش
با خانواده های ناکح و منکوحه تماس بگیرد تا ایشان شاهدان را تعین کنند.
این کار دو فایده دارد: اول در جریان نکاح وقت تلف نمی شود و دوم
خانواده ها آمادگی میداشته باشند. مانع شرعی وجود ندارد که پدر عروس
در نکاح شهادت دهد. مهم این است که یک عده طور مثال داماد را نه
می‌شناسد و شهادت میدهد که انسانِ خوب است. شش ماه بعد خبر می‌شویم
که همان مرد عروس نو جوان را زیر لت و کوب گرفته است. یک مردی
که همسر خود را می زند سه دلیل دارد: اول اینکه اسلام را نه می‌داند که
هیچگونه بی احترامی به زن مجاز نیست. دوم در دامان مادر و پدر تربیه
نشده است و سوم تکلیف عقلی و عصبی دارد

چهارم- مَهر زن
مهر زن حق شرعی زن است و هیچ کس دیگر نمی تواند درتعیین آن

مداخله کند و یا تصمیم گیرد. این زن است که نفس نفیسهء خود را در مقابل یک جنس و یا مبلغ به مرد تقدیم میکند و همسر او میشود. مَهر حکم قرآن است برای نگهداشت مقام اجتماعی زن. مَهر یک مصئونیت روحی و اقتصادی برای زن است تا هیچگونه تشویش در زندگی نداشته باشد. اسلام نخواسته است وقتیکه یک دختر ازدواج میکند در زندگی محتاج باشد مخصوصاً در صورتیکه طلاق میگیرد. مَهر شکل ثابت ندارد ، نه در مبلغ و نه در جنس. مهر میتواند به غیر از جنس و مبلغ باشد. یکی از روز ها زنی نزد رسول خدا(ص) آمد و گفت یا رسول خدا مرا به زنی بگیر. مبارک (ص) پاسخ گفت که به زن احتیاج ندارد. شخصی همانجا حضور داشت و عرض کرد به پیامبر خدا که آن زن را به او عقد کند. رسول خدا (ص) او را به منزلش فرستاد تا چیزی برای مَهر بیاورد. مرد دست خالی برگشت و ادعا کرد که نا توان است و چیزی ندارد. رسول خدا او را برای بار دوم فرستاد که چیزی برای مَهر بیاورد. باز دست خالی برگشت. بار سوم او را فرستاد و بار سوم هم دست خالی برگشت. عرض کرد که چیزی ندارد و مردِ فقیری است. رسول خدا (ص) جویای احوال او شد و پرسید قرآن را از حفظ داری؟ مرد به پاسخ گفت بلی فلان سوره و فلان سوره ، چندین سوره را نام گرفت که از حفظ دارم. رسول خدا (ص) رو به زن کرد و گفت به حکمت قرآن که این مرد در سینه دارد آنرا به حیث مَهر قبول میکنی؟ زن جواب داد بلی. (صحیح بخاری ، کتاب نکاح)

مطابق به حدیث مبارک رسول اکرم (ص) و به روایت ابن ابی حاتم که گفته است "لا مهر اقل من عشره دراهم" یعنی کمتر از ده درهم مهر نیست. در مذهب حنفی همین معیار کمترین مَهرقبول شده و اینکه مَهر را سی درهم شرعی می گفتند اساساً چنین است : ده درهم معادل سی گرام نقره است[6]. یعنی سی گرام نقره ده درهم است و مردم آنرا تبدیل کردند به

---

[6] روایت فوق و تشریح ده درهم را جناب دکتور سیرت مورخ هشتم سپتامبر

سی درهم شرعی. علما به خاطر که کا رمردم را آسان ساخته باشند ، عددِ را انتخاب میکردند که از نگاه محاسبوی آسان تقسیم سه شود و بدین صورت ثلث و ثلثان آن خوبتر و آسان تر حساب کنند. طور مثال اگر مَهر سه صد دالر باشد؛ صد دالر آن مُعجل است و دوصد آن مؤجل.

در زمان حضرت رسول کریم (ص) مردم نو مسلمان شده فوق العاده از نگاه اقتصادی ناتوان بودند. از همین لحاظ پیامبر گرامی اسلام (ص) مَهر کم را تجویز کردند تا زنان و مردان مسلمان بتوانند ازدواج کنند. و هیچگونه قید و شرط را در تعین مَهر تذکر نداده اند تا مسلمان نظر به ایجابات عصر و زمان که زندگی دارند امور خود را نظم ونسق دهد. امروز که الحمدالله مردم مسلمان از نگاه اقتصادی در کشور های غربی کمبودی ندارند، زنان مسلمان میتوانند نظر به سطح زنگانی امروز مَهر خود را تعین کنند تا در صورت وقوع طلاق زندگی خود را به شکل آبرو مند دوام دهند. و درکشور افغانستان باید مهر حد اقل باشد و یا موقف اقتصادی مرد مد نظر گرفته شود تا در آینده مشکلات ازین بابت رخ ندهد.

مَهر دو قسمت دارد: مُعَجل و مؤجل. مَهر مُعجل آنست که ثلث مهر را زن هنگام عقد نکاح از ناکح می گیرد و یا آنکه زن منکوحه این مبلغ را به ناکح بخشش (هبه) می کند تا صرف وسایل زندگی مشترک بکند. و مؤجل آنست که دو ثلث دیگر مَهر در آینده به منکوحه می رسد وهنگام عقد به نام زن ثبت میشود. زن حق دارد تا همه مَهر خود را یکجائی اخذ کند و هم حق دارد تا همه مَهر خود را ببخشد. خطبه خوانده نمیشود تا موضوع مَهر یک طرفه نشود. از آنجائیکه مجلس نکاح یک مجلس با فضلیت است ، بسیار موزون است که عروس و داماد بالای موضوع مَهر خود قبل از نکاح صحبت و موافقه کنند تا از اضافه گوئی و جر و بحث

_____

2005 به این تحقیق لطف فرمودند.

بی جا در مجلس عقد جلوگیری به عمل آید. متکفل عقد نکاح صلاحیت دارد تا درین مورد با خانواده ها قبلاً داخل صحبت شود و موضوع را از نگاه شرع به ایشان تفهیم کند و نظم مجلس را به دست داشته باشد.

موضوعی که در مَهر مهم می باشد، این است که زن باید توان اقتصادی مرد را تحقیق کند و مَهر خود را به شکل مناسب تعین کند. در بسیاری مجالس عقد بدون اینکه توان اقتصادی مرد را مد نظر گیرند یک مبلغ هنگفت را پیشنهاد میکنند که این عمل خلاف عدالت اسلامی و اخلاق مدنی اسلام است. با اینکه مرد حق دارد مسترد کند. باید به عروس وداماد موقع داده شود تا خود بالای مَهر خویش بالای دیگر موضوعات مجلس نکاح صحبت میکنند ، چنانکه تذکر دادم پیش از پیش به تفاهم برسند. مَهر یک موضوع خصوصی و شخصی زن و مرد می باشد و در جریان نکاح منکوحه حق دارد که خواهش کند که مَهر او را برای حاضران مجلس اعلان و بیان نکنند. شاهدین و متکفل عقد نکاح از مَهر آگاهی دارند. همچنان زن حق دارد که از مَهر خود بطور کل منصرف شود.یک عده موضوع مَهر را عدم تساوی بین زن و مرد میداند. در زمان رسول اکرم (ص) زنان اکثراً مانند مردان نه در تجارت بودند و نه مشغولیت‌های امروزی وجود داشت و برای اینکه از زنان سوءاستفاده صورت نگیرد ، قرآن ، برای حمایت زنان قانون مَهر را وضع کرده است. امروز اکثراً مَهر بسیار ناچیز که روش قرآن تطبیق شود درج میگردد که جزئی ترین ارزش پولی و مالی ندارد و حتی دختران جوان چون خود اکتفا هستند ، مَهر را رد میکنند. خداوند عادل برای اینکه در گذشته زنان خود اکتفا نبودند ، مَهر را در قرآن مجید تجویز کرده است تا به زنان حقوق اقتصادی مانند مردان داده باشد. پس مَهر، زن و مرد را که از نگاه اقتصادی با هم برابر نبودند ، برابر میسازد و پول مَهر که یک تعامل اقتصادی است ، همان تعامل اقتصادی اش را حفظ میکند. بدین معنی که اول اگر زن طلاق میخواهد ، مهر را مسترد میکند . و اگر شوهر طلاق میدهد ، زن در بدل نفس نفیسه یک سرمایه دارد تا مانند مردان از

آن سرمایه کار گیرد ، آنرا در چرخش اقتصادی اندازد و کار کند. این جاست که حقوق مردان در اثر پدیدهٔ اقتصادی مَهر و تعامل آن با زنان یکی است

اتفاق افتاده که در صورت طلاق مرد از مسئولیت شرعی خود شانه خالی کرده است. در زندگانی امروز در افغانستان باید نکاح ثبت محکمه شود نه اینکه یک مُلا در خانه آورده شود و نکاح صورت گیرد. ثبت دو فائده دارد: اول یک کمک بزرگ به آمار گیری کشور است. یک کشور وقتی میتواند در امور اقتصادی و برنامه‌های سازندگی خود موفق شود که آمار دقیق نفوس ، آنانیکه ازدواج کرده‌اند ، آنانیکه فوت کرده‌اند ، آنانیکه تولد شده‌اند و غیره ثبت شده باشد. دوم در صورت وقوع طلاق اگر ثبت محکمه می‌باشد ، طرفین از حقوق خود خوبتر دفاع کرده میتوانند. همچنان است در کشور های خارجی. یک دختر باید نکاح خود را ثبت کند و حتی به کمک یک وکیل مدافع مَهر خود را با دیگر شرایط که دارد قبلاً ثبت کند که این را درزبان انگلیسی قراردادِ prenuptial contract می‌گویند که فارسی آن همانا موافقتنامهٔ قبلی نکاح است. درغیر آن نکاح اسلامی یک سند قانونی در کشورهای غربی نیست و منکوحه نه می‌تواند از حقوق خود دفاع کند. اساساً همین موافقتنامهٔ قبلی نکاح به ذات خود در ایجاب و قبول اسلامی است که قبل ازینکه نکاح صورت گیرد و خطبه خوانده شود باید در همه امور موافقه صورت گیرد

پنجم- ایجاب و قبول

اساساً ایجاب و قبول در اسلام در کنار پیشنهاد به ازدواج همانا اساس عقد نکاح است که در بالا از آن تذکار به عمل آمد. نکاح روا نیست تا ایجاب و قبول صورت نگیرد. ایجاب یعنی پیشنهاد و قبول یعنی پذیرش. در دین اسلام زن و مرد حق دارد که پیشنهاد کند و هر دو حقوق مساوی دارند که بپذیرند و یا رد کنند. به عبارت دیگر در دین اسلام هم مرد حق دارد که پیشنهاد به ازدواج کند و هم زن حق دارد پیشنهاد به ازدواج کند

زیرا حقوق شان از نگاه مدنی مساوی است.حضرت بی بی خدیجه کبرا همسر اول پیشوای اسلام (ص) به پیامبر بزرگوار پیشنهاد نکاح را کرده بودند. ازین رو دختران حق دارند پیشنهاد ازدواج را کنند. شخص متکفل نکاح ، بصورت واضح این سوال را از ناکح و منکوحه می کند ، تا هر دو در مجلس مقابل شاهدین اظهار قبول کنند. و اگر منکوحه در جواب سوال از روی حیا خاموش بماند شاهدین اهل مجلس سکوت او را موجب رضا می دانند. ایجاب دو نوع است: اول پیشنهاد ازدواج چنانچه در سطور قبلی اشاره کردیم و دوم شرایط ایجاب که هر دو طرف حق دارند تا شرایط همدیگر را بپذیرند و یا محترمانه رد کنند. زن و مرد جدا جدا حق دارند تا شرایط خود را به همدیگر پیشنهاد کنند . طور مثال 7 " زن حق دارد در ضمن عقد ازدواج شرط بگزارد که هر وقت بخواهد خود را طلاق دهد یعنی حق طلاق را برای خود تحصیل کند" همچنان منکوحه حق دارد مطالبه نماید که ناکح از نکاح با زن دوم ، پیش از پیش صرف نظر کند ، و این مطلب را در مجلس نکاح با حضور شاهدین اظهار نماید. مرد و زن حق دارند که شرایط خود را در وقت نکاح مطرح کنند تا در آینده بتوانند یک زندگی سالم خانوادگی داشته باشند. یکی از دلایل که خانواده ها دچار مشکلات می شود به خاطر این است که در مورد زندگی مشترک، قبل از نکاح کمتر صحبت و موافقه می کنند. یکی از دلایل عمده که طلاق در خانواده های افغان و ایرانی در امریکا و اروپا زیاد شده این است که دختر و پسر از نگاه روحی، فکری ، اقتصادی ، طرز تفکر سیاسی ، خوی وعادات همدیگر کمتر صحبت می کنند. عموماً ازدواج روی دلایل مادی صورت میگیرد. طور مثال پسر مالک خانه و کار است و یا دختر از خانواده محترم است و یا" پسر پول دار است آرام می کنی." در حالیکه تجربه نشان میدهد اینها نمی تواند خوشبختی لازم را به میان آورد. در ازدواج امروز بسیار مهم ، حتمی و ضروری است تا فکر ها با هم به

---

7   تاریخ سیاسی اسلام تالیف دکتور حسن ابراهیم حسن ترجمه ابوالقاسم پاینده سازمان انتشارات جاویدان صفحه 200 سال 1376.

اصطلاح جوش بخورد. قبل از نکاح هر سوال که در فکر دختر می رسد باید مطرح کند. من درین بیست سال که به خانواده های کشور افغانستان مشوره میدهم به وضاحت دریافتم که در بعضی موارد زن و مرد از نگاه مادی کمبودی ندارند و اما از نگاه فکری و روحی برای همدیگر ساخته نشده اند. چندین سوال را که از طرف جانبین مطرح شود طور مثال درین نوشتار ذکر می کنیم:

سوالات که یک زن میتواند طرح کند.

1. آیا در امور همه مسایل را مشوره میکنی یا خودت تصمیم می گیری؟
2. با خانوادهٔ پدری ات چگونه رابطه بعد از ازدواج خواهیم داشت و از من چه توقع داری؟
3. من دوست ندارم که کسی در زندگی ما مداخله کند ، نظر تو چیست؟
4. بعد از ازدواج با دوستان خودت چگونه رابطه خواهی داشت؟ آیا هنوز هم با دوستان تنها به گشت و گزار می روی و مرا تنها می گذاری؟
5. موقف تو چگونه خواهد بود اگر من یکی از دوستان تو را پسند نکردم و شخصیت وی طرف علاقه من نباشد. مثلا دوستت معتاد به مشروب باشد که در اسلام خمر حرام است و تو بگوئی که موضوع خودش است و به ما مربوط نیست.
6. چند اولاد آرزو داری داشته باشی؟ اگر من در اثر ولادت طفل اول بسیار زحمت ببینم و نخواهم تا طفل دوم را بیاوریم ، موقف و نظر تو چیست؟ و یا همچنان من بسیار آرزو دارم تا طفل زیاد داشته باشم سه تا چهار طفل. نظر تو چیست؟ (خواننده عزیز توجه داشته باشد که از نگاه شرع اسلام چون مادر شدن در طبیعت زن است حق دارد که خودش درین مورد تصمیم گیرد نه

مرد)

7. آیا در امور منزل با من همکاری میکنی؟

8. من خوش ندارم در خانه تنها باشم ، وقتیکه تو کار خوب داری و من هم کدام مسئولیت در خانه ندارم ، آرزو دارم در سفر های که برای کار می روی با تو همراه باشم. نظر تو چیست؟

9. تو پشتو زبان هستی و من فارسی زبان. آیا درین مسئله کدام مشکل داری؟

10. من پشتو زبانم و آرزو دارم تا طفل ما از من پشتو بیاموزد و زیاد تر پشتو صحبت می کنم ، آیا کدام مشکل داری؟

11. آیا در پول و عاید من هم حق دارم و یا اینکه همه امور اقتصادی خانه را خودت در دست میگیری؟

12. در صورتیکه همه عاید نزد خودت است ، پس من چطور میتوانم دست آزاد داشتم باشم تا چیزیکه می پسندم برای خانه بخرم.

13. من عقاید سیاسی خود را دارم آیا درین مورد تو کدام مشکل خواهی داشت اگر من و تو در دو جهت یک قضیه قرار بگیریم. آیا به ازدواج ما لطمه وارد نخواهد کرد؟

14. من شیعه هستم و از فقه جعفری پیروی میکنم. آیا درین مورد کدام ممانعت و یا در تربیه اولاد ما مشکل خواهد بود؟

15. من دوست دارم از مادر و پدرم هر روز خبر گیری کنم و یا دو سه خواهر خوانده دارم که وقتاً فوقتاً با ایشان به درازا در تیلفون صحبت می کنم. تو درین مورد مشکل داری؟

به همین منوال مرد هم حق دارد سوالات خود را مطرح کند و جواب خود را بگیرد ، قبل ازینکه در مقابل یک عمل انجام شده قرار گیرد. این همه مطالب را که درینجا درج کردیم متکی به چندین سال تجربه است که علت جدا شدن زن و شوهر را تشخیص کرده ام. ، این همه مطالب باید قبل از مجلس نکاح فیصله شود. ایجاب و قبول بطور ضمنی فرصت مناسب است برای طرح طریق زندگی خانوادگی که بر اساس آن زن و

مرد زندگی مرفه را به پیش برند و اهداف ازدواج عملی شود و قبلا مذاکره کرده باشند.

نکاح با عمو زاده و خاله زاده

امروز ما در قرن ساینس و پیشرفت علوم انسانی زندگی می کنیم. تحقیقات نشان میدهد که آنهای که با پسر عمو ، عمه ، خاله و یا ماما(دائی) ازدواج کرده‌اند ، طفل شان ناقص بار آمده است. در اسلام ازدواج با عموزاده ها حلال است. در کشور های غربی این نوع ازدواج منع است. پیشنهاد این محقق این است که برای جلوگیری از به وجود آمدن طفل معیوب باید جوانان ما که قرابت نزدیک دارند باید وحتماً اول خون خود را معاینه کنند. اگر دکتر لازم دانست ، میتوانند نامزد شوند در غیر آن از ازدواج خود داری کنند

ششم-خطبه نکاح

خطبه نکاح کوتاه است و باید طی آن بعد از حمد باری تعالی و دورد به پیامبر گرامی (ص) آیات قرآنی تلاوت شود و آیات مشخص نیست و اما اکثراً آیات در کنار هم باید تلاوت شود تا به مسایل خانواده و زناشوهری ارتباط داشته باشد. بسیار مهم است تا آیات مبارکه بعد ازینکه به زبان عربی تلاوت شد ، به زبان خود ما برای اهل مجلس تفسیر شود تا عروس و داماد و هم حاضران از آن مستفید گردند زیرا مردم ما به زبان عربی دسترس ندارند. همچنان یکی دو حدیث که در مورد نکاح از پیشوای اسلام (ص) به ما رسیده باید تذکر داده شود چنانکه در بالا گفتیم.

نمونه خطبه نکاح

الحمد لله نحمده و نستعین به و نستغفره و نعوذ بالله من شرور انفسنا و من سیئات اعمالنا، من یهدی الله فلا مضل له، و من یضلل فلا هادی له، و

اشهد ان لا اله الا الله وحده لا شریک له، و اشهد ان سیدنا محمداً عبده و رسوله.

1. یایهاالناس اتقو ربکم الذی خلقکم من نفس واحده و خلق منها زوجها و بث منهما رجالاء کثیرا و نساءً ، و اتقوا الله تسأ لون به و الارحام ، ان الله کان علیکم رقیبا (سوره نساً ، آیه اول)

ای مردم ، از پروردگار تان که شما را از (نفس واحدی) آفریده و جفتش را [نیز] از او آفریده، و از آن دو، مردان و زنان بسیاری در جهان پراگنده کرد، بترسید ؛ و از خدائی که به [نام] او از همدیگر درخواست می کنید پروا نمائید ؛ و زنهار از خویشاوندان مبرید خدا همواره بر شما نگران و نگهبان است.

2. و هو الذی خلق من المأء و بشرا فجعله نسباً و صِهرا و کان ربُک قدیرا (سوره فرقان ، آیه 54)
و اوست کسی که از آب ، بشری آفرید و او را [دارای خویشاوندی] نسبی و دامادی قرار داد ، و پروردگار تو همواره تواناست.

3. و من آیته ان خلق لکم من انفسکم ازواجاً لتسکنو الیها و جعل بینکم مودة و رحمة ان فی ذالک لایت لقوم یتفکرون (سوره روم ، آیه 21)
و از نشانه های او اینکه از [نوع] خود تان همسرانی برای شما آفرید تا بدانها آرام گیرید، و میانتان دوستی و رحمت نهاد. آری در این [نعمت] برای مردمی که می اندیشند قطعاً نشانه های است.

4. و الله جعل لکم من انفسکم ازواجاً و جعل لکم من ازواجکم بنین و حفده و رزقکم من الطیبت (سوره نحل آیه 72).
و خدا برای شما از خود تان همسرانی قرار داد، و از همسرانتان برای شما پسران و نوادگانی نهاد و از چیز های پاکیزه به شما روزی بخشید.
صدق الله العلی العظیم ، و صدق رسوله النبی الکریم، و نحن علی ذلک من الشاهدین و الشاکرین. و الحمدلله رب العلمین.
تذکر: از جمله آیات مبارکه که درین نمونه درج کرده ایم آیت اولی در

همه مجالس نکاح تلاوت می شود و اساساً کفایت می کند. اما آیت سومی،
(سوره روم آیه 21) نیز لازم میباشد زیرا هدف و مقصد نکاح را شرح
میدهد.

مسأله کفو در نکاح

یک عده مردم مسأله کفو را به اشتباه فهمیده اند. فکر میکنند که اگر دختر
و پسر در دو قطب اقتصادی، اجتماعی، قومی ومذهبی یا زبانی قرار
داشته باشند، پس آنها کفو همدیگر نیستند. اسلام یک دین طبقاتی نیست
و تفریق طبقات را شدید محکوم میکند و خداوند مردم را تنها به تقوی،
خداشناسی، ایمانداری و بالاخره دانش علم دین متمایز میسازد. مقصد از
کفو در اسلام تفوق جوئی قومی، مذهبی، زبانی و طبقاتی اقتصادی
نیست. هدف از کفو این است که مسلمان باید با مسلمان ازدواج کند تا
جنجال شان از نگاه اعتقادی، تربیه اطفال، روابط اجتماعی، منافع
سیاسی و اقتصادی مشترک کم باشد. چون دین در کفو مطرح است، ازین
لحاظ دین مسایل فکری و اعتقادی را مطرح می کند نه مسایل قومی،
زبانی، رنگ و پوست، شکل و قواره را. وقتیکه می گویم کفو همدیگر
باشند نه تنها هم دین باشند بلکه درین هم دینی از نگاه فکری و عقلانی
تفاوت کلی نباشد تا بتوانند یک زندگی مشترک بی دغدغه را به پیش برند.
به عبارت دیگر در اسلام مقصد از نسَب دین است نه اینکه یکی ثروتمند
است و یکی فقیر و یا یکی از خانواده سرشناس است و یکی از خانواده
سرشناس نیست. این تنها دین است که زن و مرد مسلمان را به راه راست
رهنمائی می کند. اسلام دین تبعیض، تفوق جوئی، حقیر شمردن اشخاص
به خاطر قوم، زبان، مذهب، شکل و قواره، مقام اجتماعی و اقتصادی
نیست. خداوند مسلمانان را تنها در تقوی و خدا ترسی مواخذه می کند و
بس و بعداً در دانشِ علم دین. نکاح شیعه با سنی و سنی با شیعه روا است
و هیچگونه مانع شرعی وجود ندارد. بعضی اوقات شنیده میشود که
خانواده‌ها نکاح بین مسلمانان شیعه و سنی را ممانعت میکنند که این
خلاف شرع است. مذاهب بعد از رحلت رسول کریم (ص) به وجود آمده

است و هر دو مذهب خدای یگانه را پرستش میکنند. هر دومذهب به قرآن
مجید ایمان کامل دارند. هر دومذهب به رسالت پیشوای اسلام اعتقاد کامل
دارند. تفاوتهای فقهی و بینش تاریخی نه میتواند مانع نکاح باشد. باید یاد
آور شوم که هستند جوانانی که در اول اظهار میکنند که تعصب مذهبی
ندارند و بعد از نکاح فقه همدیگر را مورد تجاوز و تمسخر قرار می دهند.
این روحیه از اخلاق اسلامی بدور است. مسلمان قرن بیست و یکم آن
است که نه تنها به مذاهب مختلف بلکه به ادیان مختلف احترام کامل داشته
باشد

نکاح بین دو عید رواست

در بین مردم افغانستان یک رسم غیر اسلامی بدون سند وجود دارد که
بین دو عید نکاح کردن را شوم میدانند. من این موضوع را دو سه بار
در تلویزیون صدا و سیمای افغانستان در برنامه" ما و دین ما" تصدی آن
را چهارده سال به عهده داشتم و همچنان تلویزیون نور برای افغانان عزیز
در شمال کلیفورنیا خاطر نشان کردم که یک فکر نادرست است و این
مطلب را هم در جریده اندیشهٔ اسلامی نوشتم(25). امید می کنم که افغانان
عزیز ازین افکار نادرست بیرون شوند و باعث تکلیف مردم مخصوصاً
خانواده های عروس و داماد نشوند.

اولین شخصیتی که بر علیه خرافات مبارزه کرد ، رسول اکرم (ص) بود
و چنین بیان داشت: " با پدید آمدن اسلام تمام عقاید خرافاتی و تفوق طلبی
های غلط نابود شد و زیر پای من قرار گرفته است"[8] . خداوند (ج) در
سوره اسرا آیه 36 می فرماید " از چیزی که در باره آن علم و یقین نداری
پیروی مکن زیرا گوش و چشم و دل همه اینها مسئولند". عقاید خرافی
وقتی دامنگیر جامعه میشود که مردم از اشخاص بی خرد پیروی کنند و

─────────────────────────

[8]   اسلام و حقوق بشر اثر زین العابدین قربانی، دفتر نشر فرهنگ اسلامی،
      سال 1366 صفحه 248

خود را به گمراهی بکشانند چنانچه در سوره انعام آیه 116 میخوانیم که
" هرگاه از اکثریت مردم نا بخرد پیروی کنی ترا از راه خدا دور خواهند
کرد چون آنها جز از گمان و حدس پیروی نمیکنند و به جز دروغ سخن
نمی گویند." همچنان در سوره یونس آیه 36 میخوانیم که " بیشتر گمراهان
به جز از گمان پیروی نمی کنند و حال اینکه گمان نمی تواند آدمی را از
حق بی نیاز سازد." موضوع نکاح نکردن بین دو عید از همان عقاید
خرافی است که از افکار خرافی برخواسته است و متاسفانه هیچ کس بر
علیه این موهومات و عقاید پوچ مبارزه نکرده است و نتیجه همان است که حتی
این افکار نامطلوب در خانواده های که خود را چیز فهم میدانند رایج
گردیده است. در حالیکه پیامبر بزرگ اسلام بعد از ماه رمضان یعنی در
ماه شوال حضرت سیده عایشه (رض) را نکاح کرد و در همان ماه زفاف
نمود. ازین لحاظ امام غزالی در کتاب احیاء علوم الدین ربع عبادات ،
بخش نکاح ، نکاح را در ماه شوال (یعنی بین دو عید) مستحب میداند.
مستحب آنست که عملکرد آن از طرف خداوند اجر و ثواب دارد.

حقوقی را که زن بعد از عقد نکاح از دست نمی دهد:

اول   ملکیت
دوم   فردیت/ نام خانوادگی

در نظام های غیر اسلامی زن بعد از ازدواج ملکیت شوهر میشود و نام
خانوادگی زن هم تغییر می کند. همچنان حقوق ارثی زن در اسلام پا
برجاست و هم دارائی زن ملکیت خودش می باشد. در زمینه نام خانوادگی
در ماهنامهٔ کاروان (26) مضمون به چاپ رسانده بودم ..

سوال این بود که آیا دوشیزگان حق دارند نام خانوادگی خود را بعد از
ازدواج حفظ کنند و یا خیر؟ جواب این سوال را من بیست و شش سال قبل
یعنی سال 1989 در کتاب " افغانستان آزاد در پرتو اسلام " چنین نوشته

بودم: "یگانه نظام اجتماعی قدیم که به زن حق داده است که نام خانوادگیش را بعد از شوهر کردن حفظ نماید ، اسلام است. در دیگر نظام های غربی و شرقی، زمانی که دختر شوهر کرد، نام خانوادگیش از بین میرود و نام شوهرش را میگیرد. اما اسلام این حق را به یک زن میدهد که نام خانوادگی خود را حفظ کند. (خواه بصورت مستقل و یا با افزودن نام خانوادگی شوهر بعد از نام خانواده خود).

متاسفانه نزد مردم ما که تحت تاثیر افکار غرب درین 50 سال اخیر رفته اند و نام خانوادگی در افغانستان مروج شد، دختران نامهای خانوادگی شانرا از دست دادند و بهتر است زنان نام خانوادگی اصلی شانرا یکجا با نام خانوادگی شوهر بنویسند زیرا زن در اسلام متاع نیست که از شخصی به شخص دیگر تعلق بگیرد. زن یک شخصیت است و به شخصیت خود باقی می ماند." (ص. 61 ، 1989). از نگاه طرز تفکر توحیدی ، انسان با فطرت اسلام تولد میشود. نوزاد چه پسر و چه دختر به نام پدرش یاد میشود زیرا پدر مسئول اولی اعاشه و نفقه خانواده ها می باشد و روا نیست که نوزاد به نام شخص دیگر یاد شود و حتی طفل فرزندی نمی تواند به نام پدر خانواده مسمی گردد. زیرا در اسلام نگهداشت هویت شخص فوق العاده مهم است و یک خانواده نمی تواند یک طفل را از هویت پدری اش محروم سازد.

در نکاح هم کسی حق ندارد نام دختر را تغییر دهد و یا بعد از ازدواج دختر به نام شوهرش یاد شود. زن چون نکاح میکند برده یعنی کنیز نیست که به نام مالک خود یاد شود و نه ملکیت شوهر است. فقط نظر به قانون الهی و احکام شریعت همسر شخص میباشد چنانچه مرد همسر زن میباشد. اعاشه و نفقه نمی تواند حق فردیت و ملکیت را از زن بگیرد. برای ثبات خانوادگی زن باید با شوهر مشوره کند زیرا در هر جامعه حتی که مانند خانواده کوچک باشد ، یک رئیس باید داشته باشد. زن تا وقتی از شوهر اطاعت میکند که شوهر از خدا اطاعت کند و از راه شریعت بیرون نشود،

در غیر آن زن حق دارد طلاق گیرد زیرا به استناد قانون اسلام نکاح کرده است.در زندگانی امروز مشوره جای اطاعت را گرفته است زیرا یک عده زیاد خانم‌ها کار می‌کنند و خود نفقه آورنده هستند و مانند مردان در ساختار خانوادگی از نگاه معنوی واقتصادی سهیم هستند ، پس مشوره در امور خانوادگی از اساسات یک زندگی سالم است

قابل یادآوری است که زن یا شوهر آنگاه که از جهان میرود و دنیای فانی را وداع می گوید، نکاح ساقط میشود یعنی که زن یا شوهر به مجرد به میان آمدن مرگ ، دیگر زن و شوهر نیستند، و زن به نام پدرش به خاک سپرده میشود. و اگر بعد از نام پدر نام شوهرش نیز یاد شود مجاز است. یک عده فتوی داده‌اند که چون بعد از مرگ یکی از زوجین، نکاح ساقط می‌شود پس قبل از دفن دیدار آخری حرام است. این موضوع درست نیست و آنانیکه سال‌ها با هم زندگی کرده‌اند نه میتوانند از نگاه روحی و روانی همدیگر را فراموش کنند. از نگاه روحی به یکی از طرفین زیاد تر صدمه وارد می‌شود اگر اجازهٔ دیدار آخری برایش داده نشود ، لذا اگر مرد و یا زن فوت میکند باید قبل از دفن ببینند که این برای روحیات شان فوق‌العاده مهم است.

استثمار فرد از فرد وقتی صورت میگیرد که انسان حقوق خود را نشناسد و وظیفه بانوان و دوشیزگان است تا از حقوق خود از طریق احکام شریعت اسلام دفاع کنند.

نکاح صیغه(متعه)

نکاح صیغه که موقت هم گفته میشود در مذاهب چهارگانه اهل سنت حرام و در مذهب جعفری روا است. به هر حال با صحبت که در زمان حیات مرحوم حجت الاسلام سید واثق واعظ زاده عالم فقه جعفری در ین مورد داشتم ، مرحومی صیغه را در شرایطِ کنونی جهان که زندگی داریم نا مناسب میدانستند و آنرا در شرایط روز یک کار عملی نمی شمردند. و

مرحومی نظر داشتند که بهتر است تا نکاح دایمی صورت گیرد نه موقت. بانو مریم ساوجی یکی از دانشمندان عصر حاضر ایران در کتاب «حقوق زن در اسلام و خانواده» که به جانبداری از اسلام نگارش یافته است ، در مورد نکاح موقت چنین می نویسد، «و نکاحی که برای مدت معینی و اجرت معینی بین دو طرف بر قرار می‌گردد پایه و اساس محکمی ندارد به غیر از جنبۀ نیاز موقت که آن هم در هر حال بی دوام است. زن دراین نوع ازدواج مانند مزدور و اجیری است که رها از شخصیت و عواطف طبیعی خود برای زمانی کوتاه خود را به معرض فروش قرار میدهد تا بهایی اندک برای همان مدت کوتاه برای زندگی خود فراهم نماید» (27)

برای تحقیق و مطالعه با یک عده بانوان شیعۀ افغان و ایرانی به تماس شدم و امروز بانوان شیعه اکثر به نکاح صیغه موافقه نمی کنند زیرا در نکاح صیغه نیز موافقه منکوحه شرط است. به هر حال احترام به فقها به بزرگواری امام ابوحنیفه (ع) و یا امام جعفر صادق (ع) از واجبات همه مسلمین است. جوانان شیعه اگر نکاح متعه می کنند، این طرز انتخاب خود شان است. اگر یک سنی و یک شیعه نکاح موقت میکنند ، این هم انتخاب خود شان است. مذاهب بعد از رحلت پیشوای اسلام عرض وجود کرده است و هر دو باید احترام شود. دید و بینش این محقق است که دین اسلام بسیار وسیع است و تنگ نظری و تعصب راه دین نیست. یعنی راه انتخاب برای جوانان داده شود. من شخصاً برای اینکه صیغه به عدالت سازگار نیست صلاح نه می بینم. دلیل من این است که اگر یک مرد متاهل مسلمان سفر میکند و این سفر چند ماه طول میکشد حق دارد یک زن را در آن سفر صیغه کند. سؤال درین است که آیا همسرش هم حق دارد که در عالَم تنهائی یک مرد را صیغه کند؟ جواب منفی است در حالیکه قرآن در سورۀ نساء آیۀ اول میگوید که زن و مرد را از نفس واحد آفریده است. زن هم نفس دارد.

نکاح تحلیل: هستند یک عده مردم که در امور زندگی درست و اساسی

تعقل نه میکنند و زن را طلاق می گویند. بعداً پشیمان می‌شوند و میخواهند یکجا شوند. یک شخص مذهبی با اینکه طلاق بائین صورت گرفته است خطبهٔ نکاح را میخواند که دوباره به هم حلال شوند. این نوع نکاح حرام است. محمد (ص) فرموده است « خداوند، انجام دهندهٔ نکاح تحلیل و کسی را که تحلیل برای او انجام میگیرد مورد لعن قرار دهد»(28)

نکاح شَغار: نکاح شَغار آن نکاح است که ولی یک دختر ، یک دختر را به عقد کسی داخل سازد به شرط که طرف مقابل دختر و یا خواهر خود را به نکاح او راضی سازد و مَهر هم تعین نشده باشد. این نکاح حرام است. اول اینکه ولی حق ندارد بدون اجازهٔ دختر این عمل را انجام دهد و دوم طرف مقابل هم باید مغز شوئی نشود و او هم خودش تصمیم گیرد . در صورتی که موافقهٔ هر دو جانب باشد و مَهر جداگانه تعین شود نکاح درست است در غیر آن حرام است.

نکاح مدنی: آن نکاح است که زن و مرد در کشور های غیر مسلمان به دفتر شهرداری رجوع میکنند و ازدواج میکنند. این نوع نکاح یا ازدواج وقتی درست است که به تعقیب آن قبل ازینکه همبستر شوند نکاح اسلامی به شکل علنی عقد گردد. زیرا نکاح مدنی زن و مرد را با هم حلال نه میسازد. نکاح مدنی بدون نکاح اسلامی باطل است

نکاح عرفی: آن نکاح است که زن و مرد در کشور های غیر مسلمان از طریق اسلام نکاح میکنند و اما نکاح خویش را ثبت شهرداری نه می کنند. این نکاح با اینکه حلال است و درست است و اما در کشور های غیر مسلمان جنبهٔ قانونی ندارد. زمانیکه طلاق صورت میگیرد ، چون نکاح در دفاتر رسمی ثبت نیست لذا در صورت وقوع طلاق زن از حقوق خود دفاع کرده نه میتواند زیرا نکاح اسلامی جنبهٔ قانونی ندارد. نتیجه اینکه در ایالات متحدهٔ آمریکا بسیار اتفاق افتیده که در اثر نکاح عرفی اسلامی، زن بدون سرنوشت مانده است. باید همه ازدواج‌ها ثبت شود تا هم قانون

کشور احترام شود و هم زن و مرد از حقوق خود در محکمه دفاع کرده بتوانند

یک عده بانوان و مردان که در کشور های غربی زندگی از زیاد تر از بیست سال به اینسو زندگی دارند همسر خود را از کشور مانند افغانستان «وارد» میکنند. تجربه عملی در مسایل خانوادگی نشان داده است که وارد کردن شوهر و یا عروس از افغانستان و ایران و پاکستان نتیجه خوب نداده است. دلیل آن این است که بدون اینکه ما خود توجه کرده باشیم از نگاه فکری و طرز زندگی بسیار تغییر کرده‌ایم با اینکه مسلمان و افغان هستیم. مخصوصاً دید و بینش زندگانی بسیار تفاوت دارد و باعث کشمکش ها شده است

سن و سال در نکاح

بعضی وقت شنیده میشود فلان شخص با زن خود تفاوت سن دارد و یا زن فلان شخص از شوهرش بزرگتر است.

نکاح در اسلام به استناد توافق نظر زن و مرد ، محبت دو جانبه و پسند و رضایت هر دو جانب انعقاد پذیر است. زمانیکه مرد و زن به سن و سال قانونی رسیده باشند مانعی در نکاح شان نیست . مطالعات روانی نشان میدهد که یک دختر آرزو دارد تا سن شوهرش زیاد باشد و در آن احساس مصئونیت می کند. همچنان هستند زنانی که دوست دارند شوهر شان جوان باشد نه هم وسن وسال خود شان. هستند مردانی که از روابط زناشوهری با یک دختر جوان تر احساس رضایت می کند. به هر حال از آنجائیکه پیشوای بزرگ اسلام رسول اکرم (ص) همسر اول شان پانزده سال بزرگتر بود و بی بی عایشه به مراتب کوچکتر ، ازین لحاظ در نکاح اسلامی سن وسال ، تا جائیکه به سن قانونی رسیده باشند یعنی دختر از شانزده کمتر نباشد و پسر هژده باشد و قدرت نفقه را داشته باشد و تفاهم کلی بین زن و مرد وجود داشته باشد و دختر رضایت کامل داشته باشد،

مطرح نیست.از نگاه سوسیو سیکولوژی یا رابطهٔ جامعه با روانشناسی دختران جوان باید عمیق درین مورد فکر کنند. بعضی اوقات دختر حاضر می‌شود که یک مرد که ده یا پانزده سال بزرگ‌تر است به خاطر اینکه آن مرد با تجربه است و یا از نگاه مالی خود اکتفا است و یا مانند جوانان کم سن با الهوس نیست ، نکاح کند . اما این را هم باید در نظر داشت که دید و بینش ، سلیقه ، ذوق ، و طرز زندگی یک مرد سی و پنج ساله با دختر بیست ساله بسیار متفاوت است و شاید زندگی برای دختر امروز که آرزو های جوانانه دارد بسیار خسته کن باشد و آن مرد نتواند او را خوشبخت کند. همچنان مردان هم این نکته را توجه کنند که ازدواج با یک دختر بسیار جوان از نگاه فکری و روحی که او را بتوان قانع کرد مشکل است. زیرا توقعات دختران جوان درین عصر از یک نسل قبل بسیار تفاوت دارد.

چند همسری

یکی از موضوعات که شدیداً سوءاستفاده به عمل آمده و مقامات ذیصلاح جزی ترین کوشش نه کرده‌اند تا عدالت را تأمین کنند، تطبیق عدالت در مساله ازدواج متعدد توسط مردان است.

قرآن مجید تا چهار زن را برای یک مرد اجازه داده است در صورتی که مرد بتواند عدالت را بین همسران خویش تطبیق کند. تفسیر آیه چنین است که در صورت مرد میتواند زن دوم را اختیار کند که زن اول موافقه داشته باشد. مرد باید به همسر خود درین مورد مشوره کند و عرض حال نماید که چرا آرزو دارد تا همسر دوم را اختیار کند. طور مثال زن مریضی دایمی دارد و قادر نیست تا به امور شوهرش رسیدگی کند. درین حالت است که زن دو راه دارد : یا قبول میکند و امتیاز ها ی خانوادگی ، ارثی و اجتماعی خود را حفظ می‌کند و یا طلاق می گیرد. یعنی مرد با دلیل موجه باید موضوع را با همسر اولش مطرح کند. سؤال درین است که چطور می‌شود که اگر شوهر نتواند آرزومندی های همسر اش را رفع

نماید آیا زن هم میتواند یک شوهر دیگر گیرد؟ جواب این سؤال بلی است در صورتی که از شوهراش طلاق گیرد زیرا درین جا مسأله نسل شناسی مطرح است که یک زن نه میتواند با چندین مرد در یک زمان ازدواج کند. ازدواج از نگاه جامعه شناسی سه نوع است :

اول مونوگامی یعنی ازدواج یک مرد با یک زن و یا یک زن با یک مرد. در اقتصاد امروز مونوگامی مروج است زیرا اکثر مردان از نگاه اقتصادی قادر نیستند تا عدالت را از نگاه اقتصادی تأمین کنند.

پولی گامی یعنی یک مرد میتواند با چندین زن ازدواج نماید که اسلام این نوع ازدواج را به چهار زن محدود ساخته است. در حالیکه یک شاخچۀ از مذهب عیسوی مارمن ها حدود ندارد و با اینکه در ایالات متحده آمریکا این نوع ازدواج غیر قانونی است و اما وجود دارد

پولی اندری یعنی یک زن با چندین مرد در یک زمان میتواند ازدواج کند.

اسلام مونوگامی و پولی گامی را به رسمیت می‌شناسد و اما هم در مونوگامی برای مرد شرایط دارد و هم در قسمت پولی گامی شرایط را محدود ساخته است . چون اساس سوسیو-پولیتیک اسلام عدالت و اخلاق است ازین لحاظ کسانی که درین مورد خلاف رفتاری می‌کنند خلاف قرآن رویه می‌کنند زیرا نه عدالت را تأمین کرده‌اند و نه اخلاق مدنی را.

قابل یاد آوری است که اگر مرد بعد از مشوره با همسر اول ، همسر دوم را اختیار میکند نظر به آیۀ های 21 و 22 سوره نساء نباید چیزی را از همسر اول پس بگیرد.

سوگواری در خانواده

مراحل عزا داری برای اعضای خانواده که نزدیکان را از دست میدهند سه روز است . اما سوگواری برای زن که شوهرش را از دست میدهد چهار ماه و ده روز است(سوره بقره آیه 235)، که حکم قرآن مجید است. اما این در صورتی است که زن استعداد وضع حمل را داشته باشد. این آیه در مورد زنان که به سن کهولت رسیده سخن نه می گوید. همچنان اگر یک زن حامله می‌باشد و شوهرش میمیرد ، بعد از وضع حمل و دو پاکی میتواند نکاح کند. همچنان زن می‌تواند بعد از ده روز وضع حمل دوباره نکاح کند (29). این حدیث به وضاحت می‌رساند که سوگواری برای زنان جوان و زنان کهنسال تفاوت دارد.

بخش چهارم

طلاق

قسمیکه در مقدمه اشاره کردیم عده زیاد هستند که تصور میکنند که طلاق تنها حق مرد است و تا مرد طلاق ندهد ، زن طلاق گرفته نه میتواند. چون با خانواده‌ها کار کرده‌ام بار ها شنیده‌ام که مرد گفته است «دست اش آزاد ، اگر بمیرد او را طلاق نه میدهم». این طرز دید و بینش نه تنها از عدالت اسلامی به دور است خلاف شرع و حقوق مدنی زنان و نظام خانوادگی اسلام است . زمانیکه موضوع طلاق را در کتاب‌ها ی دینی مطالعه می‌کنیم ، متأسفانه می‌بینیم که دانشمندان موضوع را بسیار پیچیده ساخته اند. چون قرآن برای همه نازل شده است پس باید طوری تشریح شود تا حتی اشخاص اُمی بتوانند از حقوق خود مستفید شوند. مهمتر اینکه بدانند که خداوند (ج) و رسول او (ص) درین مورد چه دستور داده است. از آنجائیکه قانون اسلام از قرآن مجید و ارشادات پیامبر (ص) مشتق می‌شود، برای تشریح این بخش به قرآن مجید و حدیث پیشوای اسلام (ص) مراجعه می کنیم

طلاق در زبان عربی به معنی گشودن قید و بند است و اما در مساله خانوادگی و زناشویی فسخ نکاح است . ساده‌تر گویم جدا شدن از همسر است . نظر به آیهٔ اول سورهٔ طلاق «یاایهاالنبئُ اِذا طلَقتُم النسآءَ فَطِلقُوهُنَّ لِعدتِهن» یعنی (ای پیامبر، چون خواهید زنان را طلاق گویید ، از هنگامی

107

که عده شان آغاز تواند شد طلاق گویید)؛ طلاق فرض است. اما خاطر
نشان باید کرد که طلاق و جدایی از همسر در صورت است که همه
کوشش ها برای یک زندگی سالم ناکام ماند. یعنی طلاق راه اول و انتخاب
اول برای یک مؤمن نباید باشد. پیامبر اسلام (ص) فرموده است که « هیچ
حلالی نیست که به اندازهٔ طلاق نزد خداوند مبغوض و ناپسند باشد».(30)
طلاق فرض است برای اینکه انسان یک موجود آزاد خلق شده است. اولین
مسئولیت او نزد پروردگار اوست زیرا آن ذات اقدس الهی او را هست
کرده و برایش قانون(قرآن) و رهنما(پیامبر) را اعطا فرموده است. دوم
اینکه طلاق صورت نه میگیرد تا نکاح صورت نه گرفته باشد. قسمیکه
در بخش نکاح دیدیم نکاح سنت است نه فرض. برای این سنت است که
امکان دارد شخص توان مالی نداشته باشد تا مَهر را تأدیه کند. امکان دارد
که شخص یک تکلیف بیماری داشته باشد. امکان دارد که یک شخص
مشکل جنسی داشته باشد. به هر حال اگر کسی امکانات نکاح را دارد باید
نکاح کند زیرا داخل ثواب میشود و اما اگر روی یک مشکل که خودش
میداند نکاح نه میکند گنهگار شمرده نه میشود. چون نکاح یک قرارداد
بین یک زن و یک مرد است و یک پیمان بین دو نفر عقد شده است ، اگر
یکی از طرفین قرارداد نادیده میگیرد و مسئولیت های خود را ادا نه
میکند ، طرف دیگر حق دارد نکاح را فسخ کند. چون نکاح یک قرار
داد است با اعلام طلاق از طرف مرد و اعلام خُلع از طرف زن در
حضور دو شاهد فسخ میشود همچنانکه در حضور دو شاهد عقد صورت
میگیرد. درین مورد قرآن میگوید « فارقُوهُن بمعرُوفٍ و اَشهِدُوا ذَوَی
عدلٍ مِنکم و اقیمُوا الشهدة لله» یعنی باخیر و خوشی از آنان جدا شوید؛ و
[برای اینکار] دو [شاهد] عادل از میان خود تان را شاهد بگیرید. سوم
دین راه و روش زندگانی است. دین یک پدیدهٔ فکری و قلبی است. و
خداوند (ج) نه در راه دین حرج را صلاح دانسته و نه زور و تحمیل را
چنانچه در آیهٔ 231 سوره بقره خداوند میگوید « و لا تُمسِکُوهُنَ ضراراً
لِتعتدُا و من یفعل ذالک فقد ظَلَمَ نفسهُ» یعنی (و هرگز به زور و زیان
نگاهشان ندارید که ستم کنید، و هرکس چنین کند بیشک به خود ستم روا

داشته است). ازین لحاظ بعضی وقت میرسد که بعد از مراحل مذاکرات بین طرفین یعنی اگر مرد فکر میکند که گناه زن میباشد نظر به حکم قرآن مجید زن نصیحت میشود مرحله دوم آن است که مرد بستر جدا میکند و مرحله سوم جدایی است. به هر حال ضرور است تا مرد میانجیگری اهل خانواده را (از هر دو جانب یک یک نفر)نظر به آیه 35 سوره نساء و بالاخره دعوت به صلح کردن از جانب یک شخص مو سفید و با تجربه را نظر به آیهٔ دهم سوره حجرات هم مد نظر بگیرد؛ زمانی که همه کوشش ها برای صلح به ناکام می انجامد ، شخص مجبور میشود تا ازین قرار داد خارج شود بدون اینکه به جانب دیگر صدمه زند. قابل یاد آوری است که مرحله سوم در قرآن «اضرُبوهُن» است که همه مفسرین (زدن زن) تفسیر کرده‌اند که اشتباه بزرگ در تفسیر است. از انجائیکه قرآن متشکل از آیات است و آیه یعنی علامه و سمبول معنی میدهد.علامه و سمبول ترجمه نمیشود بلکه تفسیر میشود و تفسیر «اضرُبوهُن» جدا شدن است نه زدن زن. اگر ما تفسیر «زدن» را قبول کنیم چنین معنی میدهد که خداوند غفور و رحیم زدن را در داخل خانه اجازه داده است. درآنصورت است که نه تنها غفوری و رحیمی خداوند (استغفر الله) زیر سؤال می‌رود ، اسلام یک دین زن ستیز ، و غیر عادلانه معرفی می‌شود که همچو دید ، هرگز، از قرآن که هدایت گر بشر است بعید به نظر میرسد.

در اسلام مرد حق دارد که طلاق گوید و زن حق دارد که طلاق بخواهد. چون روی یک قرار داد یک‌جا شده‌اند هر دو حق فسخ قرار داد را دارند به تفاوت اینکه زمانیکه مرد آرزومندی جدایی را میکند کلمۀ طلاق به کار می‌رود و زمانیکه زن آروزمندی جدایی را میکند کلمه خُلع به کار میرود. در بخش جدایی هر دو حقوق مساوی دارند.

مرد حق دارد نکاح را فسخ کند و در طلاق دلیل و شرط نیست. یعنی مرد فقط می‌گوید که طلاق هستی. زن هم وقتی که طلاق را مطالبه میکند

یعنی خواهش فسخ قرار داد و یا عقد را می‌کند ، هم دلیل و شرط ندارد که ارائه کند. هرچه در دل دارد موضوع خودش است . چرا در طلاق دلیل و شرط نیست چنانچه در نکاح است، این است که بعضی مسایل نزد زن و شوهر می‌باشد که نه می‌خواهند بر ملا شود و یک لکه اجتماعی عائد حال شان شود. طور مثال مرد نه می‌تواند عمل جنسی را انجام دهد. این را تنها زن می داند و اما آرزو ندارند که موضوع را علنی کنند زیرا با افشاء بعضی مسایل چه زن باشد و چه مرد باشد امکان دارد صدمه روحی و اجتماعی به ایشان وارد آید

اصول طلاق از جانب مردان

اول زن در حالت حیض نباشد و زن عده را که سه ناپاکی زنانه است به پایان برساند

دوم زن باید مهر خود را دریافت کند اگر قبلاً نگرفته باشد

سوم مرد با زن نظر به آیهٔ 237 سوره بقره نکاح کرده و اما همبستر نشده و مهری تأدیه کرده باشد ، باید نصف مهر را به زن ببخشد نه اینکه همه مهر را مطالبه کند.و اما زن حق دارد که نصف دیگر را هم ببخشد و با میانجیگری کسی که متکفل عقد نکاح بوده همه مهر را مسترد کند .

چهارم اگر مَهر تعیین نشده و با زن همبستر هم نشده است ، درین صورت مرد باید با یک عطیه زن را بهره مند سازد و مودبانه و محترمانه جدا شود (آیه 236 سوره بقره)

پنجم مستقیم باید به زن کلمه طلاق را اظهار کند. طلاق با مکتوب هم درست است در صورتی که امضاء و مشخصات مرد در آن گنجانیده شده باشد. طور مثال در صورت که طی مکتوب طلاق صادر میگردد شماره کارت هویت مرد که یک ملکیت فوق‌العاده مهم یک شخص است باید درج

مکتوب طلاق باشد تا از ساخته کاری ، دروغ و همچو نابکاری ها مکتوب
منزه باشد. از طریق ایمل طلاق هم درست است در صورتی که از ایمل
خود مرد فرستاده شده باشد نه اینکه از ایمل کسی دیگر استفاده شده باشد.

ششم مرد در حالت غضب نباشد. درین حالت شخص در موقف روحی
سالم نه میباشد و گفتارش از روی احساسات خواهد بود و در آینده پشیمان
میشود

هفتم نیت طلاق را در قلب داشته باشد و باید عاقلانه تصمیم گیرد

هشتم: مرد حق ندارد که زن را تا عده او به پایان نرسیده است از خانه
بیرون کند. یعنی بعد از طلاق زن حق دارد در خانه شوهر باشد تا عده به
پایان رسد.

انواع طلاق از جانب مرد: دو نوع است یکی رجعی و دیگر بائن

طلاق رجعی: آن است که مرد میتواند به زن خود بعد ازینکه او را طلاق
گفت دوباره رَجعت کند. این به خاطر این است که چون مرد رئیس خانواده
است نباید خانواده را زود از دست دهد. فرزندان را بی مادر سازد زیرا
مطالعات نشان میدهد که فرزندان برای یک نموی سالم روحی و فکری
به مادر و پدر نیازمند هستند. نظر به آیه 229 سوره بقره که میگوید «
الطلقُ مَرَتان» یعنی طلاق دوبار است. این همان طلاق رجعی است که
مرد میتواند دو بار طلاق گوید و اما اگر برای بار سوم تکرار میشود
همان است که طلاق بائین صورت میگیرد و رَجعت کرده نه می تواند.
خداوند به مرد که رئیس خانواده است همین بخت (شانس) را میدهد که
عجولانه تصمیم نگیرد و خانواده را بر باد ندهد. در بالا گفتیم که خانواده
واحد کوچک اجتماع است . زمانیکه خانواده برباد میشود ، جامعه برباد
میشود. فساد اخلاقی زیاد میشود. تکالیف روحی و روانی نسبت به وجود

آمدن عقده‌ها زیادمیشود و این همه به سود یک جامعهٔ سالم نیست. مرد باید بسیار احتیاط کند که شانس های خود را از دست ندهد. مهمتر اینکه مرد های که فرهنگ اسلامی ندارند و حتی اخلاق مدنی ندارند در هر کشمکش خانوادگی کلمه طلاق را به کار می‌برند که این بی احترامی نه تنها به زن بلکه بی احترامی به شریعت است. بین دو طلاق رجعی باید یک فاصله زمانی باشد.

طلاق بائین: آنست که دو شانس مرد از بین می‌رود و بار سوم طلاق می گوید. بعد از بار سوم دیگر اجازه برگشت را ندارد. چون اجازه برگشت را ندارد ، طلاق بائین می‌شود یعنی نهایی میشود. درین حالت مرد باید به وجه بسیار احسن زن را با عزت و احترام جدا شود نه اینکه حقوق او را پایمال کند. اسلام از نگاه سوسیو-پولیتیک جامعه ، دینِ عدل و اخلاق است. در همه امور مسلمان باید از عدل و اخلاق گیرد. در صورتی که مرد بعد از طلاق سوم پشیمان می‌شود کدام راه ندارد. زن باید به یک شخص دیگر نکاح کند و بعداً اگر آن زن طلاق شد میتواند با او دوباره نکاح کند. این همه سختگیری برای این است که آنانیکه به خدا و رسول او ایمان دارند باید کوشش کنند تا خانواده را با ثبات نگه دارند

سه طلاقه: اگر سه طلاقه از روی عصبیت بیان می‌شود درست نیست. یگانه زمانی که مرد سه طلاقه میکند که زن خود را خودش تنها با یک مرد دیگر در حالت همخوابگی ببیند. درین حالت زن را سه طلاق در یک بار می گوید. و اما چون تنها خودش شاهد زنا است و شاهد دیگر وجود ندارد حق کشتن زن را ندارد. اگر زن را می‌کشد همان است خودش متهم به قتل است زیرا زن حضور ندارد که اقامه دعوا کند. و این است عدالت اسلامی

آزار و اذیت زن به خاطر موضوع طلاق نظر به آیهٔ نزدهم سوره نساء که می‌گوید «اذیت نکنید زنان را تا نتوانند آنچه را به آنان داده‌اید با خود

ببرند، مگر به گناه بزرگ و فاحشه آشکار آلوده شوند»

خُلع: آن است که زن درخواست طلاق میکند. تکرار مینویسم که نکاح یک پیمان و یا قرار داد بین زن و مرد است و هر دو این حق شرعی را دارند که این قرار داد را فسخ کنند.

اصول خُلع از جانب زن این است :

اول خواهش جدایی را میکند

دوم اگر مَهر گرفته است آن را پوره مسترد میکند

سوم خُلع حیض و دوره سه پاکی ندارد. یعنی زن در هر حالت میتواند طلاق خود را مطالبه کند

چهارم برعکس مرد که میتواند به زن خود رَجعت کند ، زن رَجعت کرده نه میتواند و طلاق بائینه صورت میگیرد

پنجم اگر مرد درخواست را رد کرد قاضی شهر مسئول است تا طلاق را صادر کند. قاضی حق ندارد که سؤال کند که چرا جدا میشود و قاضی حق ندارد که طلاق را معطل کند

ششم : زن در حالت قهر نباید مطالبه طلاق کند زیرا مانند مرد، شده میتواند که از روی احساسات باشد.

هفتم نیت جدا شدن را داشته باشد و خوب درین مورد فکر کند نه اینکه غیر معقول و بدون تفکر سالم اقدام کند

نوت: اگر زن و مرد در حالت مستی پیشنهاد طلاق و خلع را میکنند اعتبار ندارد. در حالت عصبیت و مستی عقل بنی آدم از خودش نیست و هرگونه گفتار درین دو حالت بیمورد و بی‌اساس است.

ظهار و ایلا

ظهار حالت است که یک مرد به زن خود می‌گوید «تو مادر من هستی یا جای مادر من را داری. در صورت که با نیت طلاق گفته باشد ، طلاق جاری می‌شود و اما طلاق رجعی است زیرا می‌شود که پشیمان شود. در صورتی که نیت طلاق را نه میدا شته باشد ، طلاق جاری می‌شود و اما این یک شوخی نادرست و ناروا است. در صورتی که پشیمان می‌شود و شوهربه زن خود رجعت میکند باید دوماه پیاپی روزه بدارد. برای حکم ظهار لطفاً رجوع کنید به آیات اول الی چهارم سوره مجادله و باب ظهار (23) احادث صحیح بخاری.

ایلاء

ایلاء آنست که شوهرقسم میخورد و همرای همسر خود همبستر نمیشود. این عمل ناروا است زیرا زن بر مرد حق جنسی دارد زیرا مرد و زن از نفس واحد خلق شده است. قرآن مجید در سورهٔ بقره آیهٔ 226 مدت این عمل را فقط چهار ماه معیین کرده است. این در حالت است که شوهر قدرت عمل جنسی را داشته باشد و مریض نباشد و سالخورده نباشد. اگر از چهار ماه زیاد تر دوام میکند باید زن را طلاق گوید و او را از حقوق جنسی محروم نسازد

طلاق در کشور های غیر مسلمان

آنانیکه در کشور های غیر اسلامی از هم جدا می‌شوند باید حکم طلاق را از محکمهٔ کشور که زندگی میکنند دریافت دارند. طلاق اسلامی درین

کشورها جنبهٔ قانونی ندارد. دختران و زنان مسلمان درین کشور ها از حقوق حقه خود دفاع کرده نه میتوانند اگر نکاح شان درکشور که زندگی می کنند ثبت نشده باشد. باید نکاح خود را ثبت دفاتر رسمی کنند و اگر طلاق می‌شوند طلاق شان هم باید رسمی باشد. من شاهد بسیاری پرونده های خانوادگی بوده‌ام که مخصوصاً زنان مسلمان از حقوق شان محروم شده‌اند برای اینکه نکاح شان به شکل رسمی ثبت نشده است.

نتیجه

درین تحقیق دیدیم که زن و مرد در خلقت ، زن و مرد در خانواده و زن و مرد در اجتماع از جانب پروردگار عالمیان و عدالت بیکران او از نفس واحد خلق شده است و در خانواده و اجتماع حقوق مدنی مساوی دارند. زنان مانند مردان در قضاء ، آموزش و پرورش ، سیاست ، و هم امو ر اجتماعی به سخن پیشوای اسلام همسان و هم ردیف مردانند. درین تحقیق دانستیم که نکاح یک پیمان دوجانبه بین زن و مرد است و درین پیمان حقوق مساوی دارند. و از آنجائیکه در گذشته از همه گونه امتیاز محروم بودند و برای اینکه با مردان از نگاه اقتصادی همسان شوند و حیثیت شان پیمال نشود اسلام مهر را تعیین میکند. طلاق هم دوجانبه است و این تحقیق تصریح کرد که زن هم حق دارد که طلاق خود را مطالبه کند در صورتی که که از ازدواج خود راضی نیست.

دین اسلام دین عدالت و اخلاق است. همه نابسامانی ها در کشور های اسلامی به خاطر سطح رهبری ناسالم ، دانشمندان مغرض و قومی و قبایلی ، سواد کم امت اسلامی و ترجمه و تفسیر نادرست از شریعت می باشد. این محقق یقین حاصل کرده ام که یگانه راه خوشبختی مردم مسلمان تطبیق درست اصول اسلامی است که امید وار هستیم روزی به این آرزو همه نایل شویم.

ومن الله توفیق

ششم ماه محرم 1437 هجری قمری
بیست و هشتم میزان 1394 هجری شمسی
بیستم اکتوبر 2015 میلادی

فهرست مأخذ

اول: نهج الفصاحه :مجموعهٔ کلمات قصار حضرت رسول اکرم (ص) با ترجمهٔ فارسی بانضمام فهرست موضوعی. مترجم و فراهم آورنده ابوالقاسم پاینده، انتشارات جاویدان. حدیث شماره 267. سال چاپ 1376 هجری شمسی

دوم: فهرس مجموعه آثار 24 – انسان- از معلم شهیددکتر علی شریعتی، صفحه 9. از انتشارات الهام 1362خورشیدی)

سوم: صحیح مسلم گرفته شده از فقه خانواده در جهان معاصر تألیف دکتر وهبة زحیلی ، . ترجمه عبدالعزیز سلیمی. تهران ، نشر احسان صفحه 160 سال چاپ 1358

چهارم: زنان برگزیده ، مؤلف استاد احمد محمد جمال ، ترجمهٔ محمد حنیف (حنیف) بلخی. ناشر احمد لیزر کمپوزنگ ، پشاور، صفحه 19 ،سال چاپ 1374 هجری شمسی

پنجم: همانجا صفحه 27

ششم: زندگی محمد اثر محمد حسین هیکل. متن انگلیسی. مترجم مرحوم اسماعیل راجی فاروقی. از انتشارات امریکن ترست پبلیکشن، 1976

هفتم: فقه خانواده در جهان معاصر اثر دکتر وهبة زحیلی؛ ترجمهٔ عبدالعزیز سلیمی. نشر احسان ، صفحه 162. سال چاپ1358 ه.ش

هشتم: حقوق زن در اسلام اثر محمد هاشم المجددی.ازنشرات فقه اسلامی، صفحه 6. تاریخ چاپ فبروری 2008

نهم: دورنمای تئیوری آموزشی قرآنی اثر عبدالرحمن صالح عبدالله. دانشگاه اُم قُرا، مکه معظمه، صفحه 24. سال چاپ 1982

دهم: زنان ماحول پیامیر اثر محمد علی قطب ، انتشارات مطبع نشرات اسلامی بین‌المللی ، سال چاپ 2007 صفحه

یازدهم: ریاض الصالحین حدیث شماره 1667 از امام زکریا یحیی بن شرف نووی دمشقی، ترجمهٔ عبدالله خاموش هروی، لاهور سال چاپ 1367 هجری شمسی

دوازدهم: حلال و حرام در اسلام اثر دکتر یوسف قرضاوی. ، مترجم حسن زاده ، چاپ نهضت ، صفحه 18. سال چاپ 1374 هجری شمسی

سیزدهم: همانجا

چهاردهم: حدیث شماره 1113 نهج الفصاحه

پانزدهم: همانجا

شانزدهم: حقوق زن در اسلام و خانواده اثر مریم ساوجی. چاپ آذروش، صفحه 69. سال چاپ 1371 هجری شمسی ایران.

هفدهم: صحیح بخاری، مؤلف محمد بن اسماعیل بخاری، مترجم استاد عبدالعلی نور احراری. انتشارات شیخ الاسلام احمد جام. حدیث شماره 5842. سال چاپ 1386 هجری شمسی.

هژدهم: اسلام و دولت سیکولر اثر عبداللاهی احمد آن نعیم. متن انگلیسی. چاپ دانشگاه هاروارد.2008

نزدهم: اسلام وتئیوری سود اثر دکتر انور اقبال قریشی، لاهور 1974

بیستم: پنجاه حدیث پیامبر اسلام (ص) ترجمه و ترتیب طه حمید. مرجع الطبرانی. حدیث شماره 40 صفحه 55

بیست و یکم: احادیث لوءلوء و مرجان، جلد اول ، کتاب ایمان ، صفحه 42 حدیث شماره 6 ،جمع و ترتیب محمد فواد عبدالباقی، ترجمه محمد حنیف (حنیف) بلخی، مراجعه و تدقیق دکتر عبدالستار سیرت.سال چاپ 1379 هجری شمسی ، پشاور

بیست و دوم: «دیدار جوانان قبل از نکاح» فرید یونس ماهنامۀ کاروان شمارۀ پنجاه و دوم ، 20 فبروری 1998

بیست و سوم : خانواده در اسلام اثر استاد فضل غنی مجددی 2002

بیست و چهارم: احیاء علوم الدین اثر گرانبهای ابو حامد محمد غزالی، ترجمۀ مؤید الدین محمد خوارزمی ، به کوشش حسین خدیوجم. جلد دوم ، ربع عبادات، کتاب آداب نکاح. شرکت انتشارات علمی و فرهنگی، 1373 هجری شمسی

بیست و پنجم: «عایشۀ صدیقه و دایه های مهربانتر از مادر» نوشتۀ استاد بشیر احمد انصاری ،هفته نامۀ امید شماره 767 مورخ اول جنوری

2007

بیست و ششم: «نکاح بین دو عید روا است» . نوشتهٔ فرید یونس ، شماره چهارم سال دوم ، اندیشه اسلامی ، شماره چهارم ، سال دوم، اکتوبر 16، 1998

بیست و هفتم: «نام خانوداگی» ، نوشتهٔ فرید یونس ماهنامهٔ کاروان؛ شماره 54 مورخ 14 ماه می 1998

بیست و هشتم: حقوق زن در اسلام نوشتهٔ مریم ساوجی. صفحه 94، چاپ آذروش ، 1371 هجری شمسی

بیست و نهم: ابو داوود و ابن ماجه و ترمذی . اقتباس از فقه خانواده در جهان معاصر اثر دکتر وهبة زحیلی؛ ترجمهٔ عبدالعزیز سلیمی. نشر احسان ، صفحه 110سال چاپ1358 هجری شمسی

سی ام : صحیح بخاری ،حدیث شماره 5318 ، کتاب طلاق ، جلد پنجم ، صفحه 184، ترجمه استاد عبدالعلی نور احراری

سی و یکم : حلال و حرام در اسلام اثر دکتر یوسف قرضاوی. ، مترجم حسن زاده، چاپ نهضت ، صفحه 301. سال چاپ 1374 هجری شمسی